Wie viel mehr hast du geliebt?

Nina Herzberg

# Wie viel mehr hast du geliebt?

EchnAton Verlag

Wichtiger Hinweis

Die Autorin dieses Buches gibt weder medizinische Ratschläge noch empfiehlt sie den Gebrauch irgendwelcher Techniken zur Behandlung physischer oder psychischer Probleme. Ihre Absicht ist lediglich, generelle Informationen zur Verfügung zu stellen, um Sie bei Ihrer Suche nach geistigem und emotionalem Wohlbefinden zu unterstützen. Jede Anwendung dieser Informationen geschieht auf eigene Verantwortung.

Die Informationen des Buches sind nach bestem Wissen und Gewissen dargestellt. Sowohl die Autorin als auch der Verlag übernehmen dennoch keinerlei Haftung für Schäden irgendwelcher Art, die direkt oder indirekt aus der Anwendung der Angaben in diesem Buch entstehen.

Bei möglichen unterschiedlichen Schreibweisen wurde die von der Duden-Redaktion empfohlene Schreibvariante verwendet.



1. Auflage Juli 2023

Gesamtherstellung: Diana Schulz
Cover- und Autorenfoto: © Farideh Diehl
Lektorat: Ruth Kalmund
Druck und Bindung: CPI books GmbH, Leck
ISBN: 978-3-96442-057-2

www.echnaton-verlag.de

In Liebe für meine Kinder

An alle Suchenden:
Werdet zu Fühlenden,
Findenden, Wissenden!

Für euch und für die Menschen,
die folgen werden ...

# Inhalt

# Prolog

Ich: Hallo Papa, was soll ich schreiben?

Papa: Du weißt doch, was unser Talent ist: die Menschen mit unseren Dialogen zu inspirieren. Worüber hast du am meisten in diesem Jahr mit mir gesprochen?

Ich: Über meine Heilung. Mein spiritueller Weg, mich selbst zu finden und alte Themen zu heilen.

Papa: Dann schreib doch darüber. Ich werde dir helfen.

Ich: Papa, was ist Heilung aus Sicht der geistigen Welt?

Papa: Heilung ist definitiv nicht Symptomfreiheit aus unserer Sicht. Heilung ist, Verstehen und Erkennen, was uns krank gemacht hat und vor allem innerer Frieden.

Ich: Wie kommt man dahin?

Papa: Da gibt es viele Wege, aber kein Weg führt daran vorbei, nach innen zu gehen und sich selbst zu begegnen. Wie man das macht, dazu gibt es verschiedene Pfade und Möglichkeiten. Manche finden Zugang zu sich selbst über die Natur, manche über Meditation und andere benötigen Hilfe durch Coaches oder Pflanzenmedizin.

Du hast viele Wege ausprobiert und jeder einzelne Weg hat dich immer einzelne Teile entdecken und verstehen lassen. Es gab nichts, was falsch war. Manches hat nur mehr geholfen als anderes. Aber alles war wichtig. Es gibt keine Rückschritte, wenn man einmal losgelaufen ist. Jeder Schritt ist immer ein Schritt vorwärts.

Ich: Aber warum das Ganze überhaupt? Es ist so viel Arbeit und am Ende stirbt man ja eh und ist dann wieder in der geistigen Welt als Seele heil.

Papa: Weil der Weg schon kostbar ist. Weil jeder Schritt der Selbstentdeckung, der Selbstheilung einen fühlen lässt, wie wundervoll das Leben ist. Und ist das nicht der Sinn, warum wir dieses Leben gewählt haben – mit all seinem Leid und allen Aufgaben? Wir möchten uns lebendig fühlen, weil wir keinen Stillstand möchten, weil wir alle einen inneren Motor haben und auch, weil wir all diese Erfahrungen als Imprägnierungen mit auf die andere Seite nehmen.

Ich: Papa, hast du denn viele dieser Imprägnierungen mitnehmen können?

Papa: Ja, auch wenn ich nicht wie du so viele Seminare, Selbstentwicklungskurse und Selbstheilungsmethoden besucht und gelernt habe, und viele Dinge in mir nicht sehen konnte oder wollte, habe ich mich doch immer wieder von neuem kennengelernt und weiterentwickelt. Ich tat das mehr über das, was ich im außen machte, als dass, was ich im Inneren verstand. Aber auch diese Wege, die ich ging, hatten etwas mit Selbsterfahrung und Heilung zu tun.

Ich: Aber Papa, du warst mit dir selbst nicht wirklich im Reinen und hast die alten Themen nie heilen können, oder?

Papa: Nicht so, wie du es machst, aber ich war zum Schluss auch im Reinen mit mir, daher bin ich zuletzt auch sehr schnell gestorben. Ich habe nur niemandem an meinem inneren Prozess teilhaben lassen, da mir vieles selbst auch nicht bewusst war.

Ich: Was ist dann der Unterschied, ob ich unbewusst oder bewusst heile?

Papa: Wir alle bestehen aus Bewusstsein und wenn ich bewusst den Entschluss treffe, in die Tiefen meiner Seele zu tauchen, um mich auch mit den unangenehmen Teilen auseinanderzusetzen, hat das eine viel größere Kraft. Die Energie folgt immer dem, worauf wir unser Bewusstsein lenken. Daher ist es wichtig darüber zu lesen, wie wir mit Hilfe unseres Bewusstseins Heilung in unsere Themen bringen können.

# Warum ein Buch über Heilung

Das Thema Selbstheilung beschäftigt mich seit meinem dreizehnten Lebensjahr, als meine psychosomatischen Probleme begannen.

Meine Taten und Gefühle verstand ich nicht mehr und ich verliebte mich damals in einen 42-jährigen Lehrer, der seine Machtposition missbrauchte. Ich spürte immer den Drang, Dinge zu klauen, obwohl ich alles hatte, was ich wollte, hasste meinen Körper und fing an, mein Essen und mein Gewicht zu kontrollieren. Auch fing ich heimlich an zu rauchen und Alkohol zu trinken, obwohl es mir nicht schmeckte, schrieb todtraurige Gedichte und hatte das Gefühl, als ob mich ein grauer Schleier aus Schwere und Traurigkeit umhüllte.

In den darauffolgenden 30 Jahren bis heute habe ich unzählige Bücher verschlungen, Therapien gemacht, Selbstheilungsseminare besucht, Ausbildungen gemacht, Techniken selbst entwickelt, um das, was ich in meiner Kindheit erlebt habe und das, was an Folgetrauma noch entstanden ist, zu verstehen und zu heilen.

Damit du ein Gefühl dafür bekommst, wovon ich spreche, ganz kurz meine Trauma-Geschichte:

Ich wurde 1980 geboren. Meine Mutter war Hausfrau und kümmerte sich mit all ihrer Liebe um mich und später um meine Schwester. Mein Vater arbeitete viel und war selten zu Hause. Meine Eltern hatten keine glückliche Beziehung. Meine Mutter war sehr unsicher, litt an Depressionen und hatte ihre gewaltvolle Kindheit nie verarbeitet. Mein Vater war ein Macher und hatte narzisstische Züge; er brauchte das Gefühl, gebraucht zu werden, war aber ein sehr liebevoller Vater.

Als ich 5 Jahre alt war, und später nochmals als Siebenjährige, verbrachte ich jeweils eine Woche allein bei meinen Großeltern. Mein Opa war Alkoholiker und sadistisch. Er missbrauchte mich während meines ersten Besuches und erstickte mich mit einem Kissen. Dieses Nahtoderlebnis habe ich in meinem ersten Buch und in mehreren Videos beschrieben.

Dieser erste Besuch hinterließ bei mir ein großes Problem hinsichtlich des Vertrauens in Menschen, Ängste vor dunklen Kellern und Spinnen und mehrere Dissoziationsprozesse, in denen ich meinen Körper nicht mehr spüren konnte. Der Missbrauch beim zweiten Besuch mit 7 Jahren fand gemeinsam mit zwei seiner Freunde in einer Gartenhütte statt, in der ich stundenlang eingesperrt und misshandelt wurde. Bei diesem Erlebnis war nicht die Todesangst das Traumatisierende, sondern die Selbstverständlichkeit der Gewalt der drei Männer, die Brutalität der Vergewaltigungen und ihr perfides Verhalten.

Der Auslöser eines Traumas kann vielfältig sein: Drohungen, nicht darüber reden zu dürfen, Demütigung, Ausgelacht werden, körperliche und sexuelle Gewalt. Die Folge – und somit das Trauma – zeigt sich als Angst und durch die Abspaltung bestimmter Seelenanteile, um nicht verrückt zu werden. Es gibt viele verschiedene Ebenen, auf denen ein Trauma stattfindet. Und weil ich so viele Ebenen des Traumas erlebt habe, kenne ich auch viele Möglichkeiten, Trauma auf den verschiedenen Ebenen zu heilen. Ich habe 30 Jahre lang Stück für Stück, Zwiebelschicht für Zwiebelschicht, Heilung in mein Leben gebracht, wovon ich dir in diesem Buch berichten möchte.

Auch werde ich immer wieder den Blickwinkel der geistigen Welt hinzuziehen, da wir zum einen unsere Ebene der Dualität und Bewertung als Mensch manchmal verlassen müssen, um einen höheren Zusammenhang zu verstehen, zum anderen weil mich die geistige Welt damals in den schlimmsten Momenten, die ich erlebt habe, gerettet hat.

Meine Beschwerden, die ich im Laufe meines Lebens hatte:

- Magengeschwüre
- Essstörungen
- Depressionen
- Autoaggressionen (Selbstverletzung)
- Alkoholproblem
- Hautkrankheiten
- Chronische Nebenhöhlenentzündung
- Chronisches Erschöpfungssyndrom
- Fibromyalgie
- Herzrasen, Herzrhythmusstörungen
- Panikattacken
- Chronische Gelenkschmerzen
- Arthrose in Gelenken
- Krämpfe und Lähmungserscheinungen
- Tremor/Zittern

- Schlafstörungen
- Luftnot, Erstickungsanfälle
- Nahrungsmittelunverträglichkeiten
- Reizdarmsyndrom
- Immunschwäche

Das sind nur ein paar meiner Beschwerden, die ich meist eine längere Zeit hatte und wenn auch manche davon Symptomkomplexe waren, hatte jedes Symptom eine andere Aufgabe und einen anderen Hintergrund, auf den es mich aufmerksam machen wollte. Und erst, als ich es verstand, konnte das Symptom gehen.

Dieses Buch besteht aber nicht primär aus meiner persönlichen Heilungsgeschichte, sondern aus Dialogen, die ich in den letzten Jahren mit meinem verstorbenen Vater geführt habe. Mein Vater ist 2014 an Krebs gestorben und ich habe nach seinem Tod begonnen, mit ihm medial zu schreiben. Mithilfe einer Meditation gehe ich in einen leicht veränderten Bewusstseinszustand, verbinde mich mit der Seele meines Vaters und schreibe am Laptop mit ihm Dialoge. Die Sätze, die er mir telepathisch übermittelt, gehen immer durch meinen Filter, da ich nicht in einer Tieftrance bin, dennoch sind es Aspekte und Sätze, die ich, als Nina, so meist nicht denke. Zudem zeigt er mir andere Blickwinkel auf meine Themen und Probleme, wodurch ich viel gelernt und geheilt habe.

Durch dieses Buch möchte ich dich an unseren Dialogen teilhaben lassen. Vielleicht inspirieren oder berühren sie dich auch so wie mich. Vielleicht werden dich manche Dialoge auch verwirren, manche werden sich gegenseitig widersprechen oder Ansichten enthalten, die du befremdlich findest. Das ist in Ordnung. Bei der Kommunikation mit der geistigen Welt kann man manches nicht mit dem Verstand begreifen.

Wenn man sich einmal mit der Quantenphysik beschäftigt, die längst bewiesen hat, dass in Wirklichkeit weder Raum noch Zeit existieren, merkt man sehr schnell, dass man als Mensch mit seinem Denken an eine Grenze stößt. Manches werden wir nie zu 100 Prozent aufklären oder begreifen können.

Und auch diese Dialoge sind immer nur ein Eindruck, ein kleiner Versuch, sich komplexen Themen aus einem anderen Blickwinkel zu nähern. Sie haben keinen Anspruch auf Wahrheit oder Vollständigkeit. Sie wurden ohne Bewertung geschrieben und weitergegeben. Nimm dir einfach das heraus, was dich berührt und sich für dich – in diesem Moment – stimmig anfühlt.

Die geistige Welt versteht unsere Sorgen und Probleme, hat aber dennoch oft eine andere Sichtweise darauf, da die Seelen keinen Körper, keine Schmerzen oder Sorgen mehr haben. Sie können uns helfen, auch schon zu unseren Lebzeiten einen anderen Blickwinkel auf unser Leben einzunehmen. Ich wünsche dir viel Freude und wertvolle Erkenntnisse beim Lesen.

Deine Nina

# Die Farben der Seele

Wir tragen alle den Schatz
der Erinnerung an unsere Vollkommenheit
tief in unserer Seele.

# Der geheime Plan

Es war einmal ein kleines Mädchen. Es war sehr abenteuerlustig und mutig. Es kannte ein Land aus den Erzählungen seiner Oma, in dem es den Menschen sehr schlecht ging. Die Oma hatte erzählt, dass in diesem Land alle ganz traurig aussehen würden, dass alle Menschen grau gekleidet seien, mit gesenktem Kopf umherliefen und keiner lächelte.

Da schmiedete das kleine Mädchen einen Plan. Es wollte in dieses Land reisen, um den Menschen die Farben zu zeigen. Es sah an sich hinab und hatte ein Kleid in Regenbogenfarben an. Die Haare des Mädchens hatten hundert verschiedene Farben und selbst seine Haut schimmerte in tausend Tönen. So dachte das Mädchen: »Ich muss nur in dieses Land reisen und schon sehen die Menschen, dass die Welt und jede Seele aus Farben und Licht besteht und sind bestimmt wieder fröhlich.«

Gesagt, getan. Es machte sich auf den Weg in dieses entfernte Land. Es lief viele Tage und Nächte. Je näher es diesem Land kam, umso müder wurde das Mädchen. Es wusste, es durfte jetzt nicht aufgeben, aber jeder Schritt fiel schwerer und schwerer. Unter einem Baum am Wegrand wollte es sich nur ein wenig ausruhen, um dann gestärkt weiterzugehen. Es schlief kurz ein und als es erwachte, fühlte es sich noch müder.

Da erst fiel dem Mädchen auf, dass die Farben seines Kleides verblasst waren. Schnell stand es auf und lief weiter auf das Land zu. Es wusste nicht, was mit ihm geschieht, aber es kannte noch seine Mission, die es weiter trieb. Es musste doch den Menschen die Farben und die Fröhlichkeit bringen. Endlich im Land angekommen war das Mädchen unendlich erschöpft und müde. Alles um es herum war grau in grau. Und auch das Kleid des Mädchens, seine Haut und seine Haare waren grau. Es konnte sich plötzlich nicht mehr daran erinnern, warum es hier war.

Das Mädchen ging zu einem Haus, von dem es instinktiv wusste, dass es sein Zuhause war, traf andere Menschen, die es meinte, zu kennen und begann einen Alltag zu leben, von dem es merkte, dass es ihm schon seit Jahren nachging. Es wusste, dass es irgendeine Aufgabe hier hatte, konnte sich aber nicht mehr daran erinnern, welche das war. Die Mutter des Mädchens war krank, der Vater hatte Sorgen und es kümmerte sich, wann immer es konnte, um seinen kleinen Bruder.

An einem Tag, als es seiner Mutter noch schlechter als sonst ging, ging es mit seinem Bruder hinunter an den kleinen Bach hinter dem Haus. Das Mädchen hatte keine Kraft, ihm etwas zu erzählen und keine Lust, mit ihm zu spielen. Ganz tief in sich spürte es aber den Drang, etwas zu verändern. Traurig schaute es aufs Wasser des Baches und sah eine kleine Libelle, die über das Wasser auf das Mädchen zuflog. In ihren grauen Flügeln spiegelte sich das Wasser und für einen Moment nahm das Mädchen etwas wahr, das es völlig vergessen hatte. *Die Farben des Regenbogens!*

Es sah in der Libelle seine eigenen Farben vom Ort jenseits dieses Landes und erinnerte sich an den Plan, den es einst gehabt hatte. Das Mädchen erzählte seinem Bruder von den Farben der Kleider, der Haut, der Haare – den Farben der Seelen.

Sein Bruder staunte und auch er erinnerte sich plötzlich, dass er davon schon einmal gewusst hatte.

Er sah an sich hinab und sah die Spiegelungen der Erinnerung der Farben an seinen Händen. Zusammen entwickelten sie an diesem Tag unten am Bach einen Plan, einen zweiten Plan. Sie würden nicht eher Ruhe geben, bis sie den Menschen von den Farben ihrer eigenen Seelen erzählt und Freude in diese Welt gebracht hatten.

Und so schlummert in jedem Mädchen und jedem Jungen in uns noch dieser geheime Plan der Farben des jenseitigen Landes und unser Versprechen, ihn in diese Welt zu bringen.

# Die Schwingungsfrequenz der Heilung

Ich: Papa, was ist leicht an dem Thema Heilung? Was berührt von tiefstem Herzen aus? Was soll der Titel des Buches beinhalten? Was inspiriert?

Papa: Das, was du im Herzen trägst. Was ist Heilung für dich?

Ich: Freiheit, ich selbst zu sein. Die Kostbarkeit meiner eigenen Seele. Die Liebe zur Unendlichkeit. Getragen sein von meiner Anbindung an die geistige Welt. Das Gefühl heimzukommen, wenn ich mit dir schreibe, wenn ich meditiere. Ich spüre mich selbst und mein Leben über dich und den Kontakt zum Jenseits. Ich fühle mich getragen von euch und doch bei mir selbst. Ich fühle Frieden in mir. Frieden in mir, das ist, glaube ich, der Schlüsselbegriff. Freiheit und Frieden in mir und meinem Herzen.

Papa: Spürst du was?

Ich: Ja, mein Herz wird leicht, ich fühle mich ruhig und glücklich. Alle Beschwerden sind verschwunden.

Papa: Du bist jetzt auf der Schwingungsfrequenz deiner Heilung!

Ich: Ist diese Frequenz bei jedem Menschen dieselbe?

Papa: Die Frequenz ist dieselbe, aber der Weg dorthin ist individuell. Wenn du mit deinem Ego, deinem Wunsch, wie es eigentlich sein sollte, aus dem Weg gehst, machst du den Weg der Heilung frei. Dein Kopf und Wunschdenken blockieren die Heilung.

Ich: Wie gehe ich aus dem Weg?

Papa: Werde zum Beobachter, nicht zum Bewerter. Beobachte deine Gedanken, ohne dich damit direkt zu identifizieren. Beobachte deine Beschwerden, deine Gefühle, lasse sie kommen, sehe sie dir an, lasse sie da sein, sich mitteilen und lasse sie wieder gehen. Wie bei einem Film. Etwa so: »Ach spannend, da ist gerade eine Wut auf die Situation, die macht Beklemmung und Unruhe, jetzt fühle ich mich hilflos, spannend, jetzt lege ich mich aufs Bett und lasse das Gefühl in seiner ganzen Intensität zu und jetzt fließt es wieder aus meinem Körper heraus.«

Ich: Wie soll man das im Alltag umsetzen?

Papa: In dem man es in den ruhigen Momenten übt und dann zum Beispiel beim Einkaufen oder im Gespräch mit anderen abrufen und in Sekunden umsetzen kann.

# *Alles ist Energie*

Jeder Gedanke, jedes Gefühl,
das ausgesendet wird,
ist Schwingung und bahnt sich
seinen Weg in die Verwirklichung.

# Schwingung und Energie

Alles ist Energie. Wenn man sich ein wenig mit der Quantenphysik beschäftigt oder auch mit meiner beruflichen Herkunft des englischen Spiritualismus, weiß man, dass alles auf unserer Erde reine Energie ist. Auch die letzten Teilchen – die Atome – bestehen selbst wieder aus 90 Prozent reiner Energie. Also ist auch das, was wir als Materie bezeichnen, letzten Endes Schwingung und Energie. Das heißt, alles ist veränderbar. Es gibt viele tolle wissenschaftliche Bücher, in denen das genauer erklärt wird, daher möchte ich jetzt nicht weiter darauf eingehen. Mir ist wichtig, dass du weißt, dass Energie veränderbar ist, aber nicht auflösbar.

Papa: Wenn man gestorben ist, sieht man das erste Mal wirklich klar den Zusammenhang zwischen Gedanken, Gesagtem und den Auswirkungen auf diese Welt. Es ist wirklich faszinierend. Ein Satz, den jemand denkt, sieht – betrachtet aus der geistigen Welt – wie ein schimmernder Faden aus. Je öfters dieser Gedanke gedacht wird, umso stärker und intensiver wirkt dieser Faden. Der Faden ist auf der einen Seite mit dem Menschen verbunden und läuft auf der anderen Seite ins Universum. Je stärker dieser Faden ist, umso wahrscheinlicher ist es, dass das andere Ende irgendwo andockt, hängenbleibt oder sich um etwas windet und dann zu sich zieht. Ich sehe diese Fäden als rot schimmernde Seile.

Ich: Das ist spannend. Und was ist mit den Gefühlen?

Papa: Die Gefühle sehe ich als blau-türkisfarbene Fäden. Auch diese laufen vom Menschen, aus dem Herz kommend, ins Universum. Je nach Stärke passiert auch dort dasselbe wie mit den Gedankenfäden. Am intensivsten zu beobachten ist es, wenn sich ein Gedankenfaden mit einem Gefühlsfaden zusammentut. Dann entsteht eine Art Spirale, wie eine Helix, und diese hat viel mehr Wirkung als ein Faden allein. Es sieht aus wie eine Art DNA-Struktur, die neues *Leben* erschafft.

# Ella oder die Suche nach sich selbst

Ella saß am Strand, es war schon Herbst, aber dennoch hatte die Sonne noch Kraft. Sie zog die graue Strickjacke aus und ließ die Sonne ihre Arme wärmen. Schon lange hatte sie keine menschlichen Berührungen mehr auf den Armen gespürt, daher sog sie die Wärme und die Berührung der Sonne förmlich in ihr Herz ein.

Sie war jetzt schon die dritte Woche hier am Meer, aber obwohl sie jeden Tag nur am Strand saß und nichts tat, ging die Zeit viel zu schnell vorbei. In ein paar Tagen musste sie wieder abreisen und ihr graute vor dem Tag. Denn dann musste sie auch Entscheidungen treffen, die ihre weitere Zukunft betrafen. Bisher hatte sie sich gescheut, wirklich über die kommende Zeit nachzudenken, aber sie wusste, heute war der Tag gekommen, um Resümee zu ziehen und zu überlegen, wie es mir ihr weitergehen sollte.

In den ersten Tagen hier stand sie manchmal am späten Abend noch vor den Wellen und überlegte, was wäre, wenn sie einfach hineinlaufen würde. Niemand würde es mitbekommen, niemand würde nach ihr suchen. Sie wäre die Schwere und die Last ihres Lebens mit einem Mal los. Doch irgendetwas hielt sie davon ab, es zu tun.

Jetzt, nach drei Wochen, war dieses Gefühl der Schwere und der Mutlosigkeit ein Stück verschwunden, ersetzt durch ein Gefühl der Leere und der Suche. Sie hatte noch immer keine Antwort auf die Fragen der Zukunft, aber eines war ihr inzwischen bewusst: Aufgeben und ihr Leben beenden, wollte sie noch nicht. Tief in ihr war noch ein Lebensfunke, der ihr Hoffnung gab, dass es doch noch einen Sinn machte, warum sie noch hier war und nicht bei dem Autounfall im letzten Jahr gestorben war.

Heute wollte sie eine Antwort auf die Fragen finden, die in den letzten Tagen immer dringender in ihr aufkamen. Sie stand auf und lief den immer gleichen Weg an den Dünen entlang. Sie zog ihre Schuhe aus, um den Sand und die Wärme auch an ihren Füßen zu spüren. Es war später Nachmittag und um diese Zeit waren die meisten Familien mit Kindern schon auf dem Weg zurück nach Hause. In einer Stunde würde die Sonne versunken sein und sobald sie weg war, würde es empfindlich kalt und windig werden. Das störte Ella aber nicht. Sie spürte ihren Körper seit dem Unfall nicht mehr. Manchmal stellte sie sich nachts in Unterwäsche nach draußen, solange bis ihr ganzer Körper nicht mehr aufhörte zu zittern, nur um überhaupt mal wieder etwas zu spüren. Aber heute war es anders.

Sie lief durch die Dünen und mit jedem Schritt, den sie machte, spürte sie ein Schieben an ihrem Rücken. Sie fühlte, dass sie nicht allein war. Dann sah sie einen kleinen Weg, der ihr in den letzten Tagen gar nicht aufgefallen war. Der Weg war versteckt in den Dünen und ging bergauf. Ohne nachzudenken, begann sie den Weg hinaufzugehen.

Irgendetwas zog sie magisch an. Sie wusste nicht mehr, wie viele Schritte sie schon gegangen war, aber plötzlich blieb sie stehen und setzte sich mitten in die Dünen in den Sand. Dieser Ort war voller Magie. In dem Dünengras, das sie umgab, funkelte und leuchtete es. Die Sonne war inzwischen untergegangen und sie sah sich umgeben von vielen hundert Glühwürmchen.

Sie legte sich auf den Rücken, sah hinauf zu den Sternen und beobachtete das Schauspiel aus den vielen tanzenden Lichtern um sie herum. Sie fühlte sich nicht mehr allein, nicht mehr einsam und auch ihre Traurigkeit wich purer Faszination. Sie spürte, sie war ihren Antworten ganz nah. So schloss sie die Augen und übergab sich und ihre Seele der Magie des Momentes. Sie sagte in Gedanken zum Universum: »Wenn es etwas gibt, was mir offenbart werden soll, bin ich bereit dafür.«

Das Universum sprach: »Das alles bist du. Es ist alles in dir und du darfst es jetzt leben. Behalte dieses Gefühl als das wahrhaftigste, was du je erlebt hast. Denn das alles bist du!«

# Der kleine Tod

Ich: Papa, kannst du mir erklären, was genau Bewusstsein ist? Ich habe auf einem Retreat das Gefühl gehabt, dass ich mich als Ego, als Denken, völlig auflösen würde. Dass ich mich wie Nebel, als reines Bewusstsein im Raum ausbreite und es hat sofort Angst in mir ausgelöst, zu sterben. Und auch Angst, nicht mehr da zu sein, nichts mehr zu sein, wenn das Denken aufhört, mich völlig aufzulösen. Für mich war das eine schreckliche Erfahrung. Was sagst du dazu?

Papa: Du hast einen kleinen Tod erlebt. Sterben ist nicht immer leicht. Sterben kann Angst machen und sich manchmal auch schmerzhaft anfühlen. Man verliert jeglichen Halt. Man denkt, man verliert all das, was einem etwas bedeutet hat, alles, was man sich in diesem Leben aufgebaut hat. Und ja, es ist auch ein Stück von dem, was passiert. Doch ist das nur der Beginn des Sterbens. Es ist nur eine Seite der Medaille. Ich hatte diesen Zustand auch vor meinem Tod. Und ja – er hat mir auch Angst gemacht und ich wollte mich dagegen wehren, da ich mich nicht bereit gefühlt habe. Ich habe mich (obwohl ihr da wart) zwischendurch mutterseelenallein gefühlt. Es ist so ein existenzielles Gefühl und mit nichts zu vergleichen. Aber dann passiert etwas Wundervolles. Wenn du dein Ego, deine Angst und deine Gedanken aufgibst – und ja, es ist ein Aufgeben –, dann fühlst du dich leicht und gut. Dieser Seinszustand, den man dann wahrnimmt, ist realer als alles, was du bisher erlebt hast. Er ist nicht geprägt durch Gedanken oder Ängste. Du bist einfach nur Licht.

Ich: Warum hat es mir so viel Angst gemacht?

Papa: Da noch Themen in dir Heilung finden dürfen. Da du noch kämpfst und dich mit deinen Gedanken identifizierst.

Ich: Aber wie kann ich als Mensch, der ich ja noch bin, das denn nicht tun?

Papa: Gänzlich wirst du das nicht schaffen, aber du kannst in kleinen Momenten immer wieder die Unendlichkeit wählen – dich als reines Bewusstsein erfahren. Den Raum hinter den Gedanken, hinter dieser Realität wählen und merken, dass du auch nur reine Energie bist. Du tust das ja auch immer mal wieder in Meditationen, vor dem Einschlafen, in der Trance usw.

## Bewusstsein und Erschaffen

Ich: Hallo Papa, erzähl mir mal was.

Papa: Was soll ich dir denn erzählen?

Ich: Etwas Schönes bitte. Ich bin gerade so genervt. Diese Welt ist so anstrengend. Jeder ist nur am Motzen und ich habe keine Lust, mich mit manchen Dingen zu beschäftigen. Kannst du mir etwas von deiner Welt berichten?

Papa: Ja, sehr gerne. Meine Welt ist schön. Es ist alles sehr klar hier, reines Bewusstsein. Das *Ich* als solches nehme ich nicht mehr wahr. Es spielt so vieles keine Rolle mehr. Das, was noch zählt, ist das Sein. Du kannst es dir so vorstellen, wie nach einem heißen Sommertag. Wenn du abends erfüllt mit Sonne und Eindrücken, müde auf der Terrasse liegst und die Gedanken nicht mehr von selbst denken. Du *bist* nur noch. Ohne etwas zu wollen, ohne

Pläne und Ziele. So ist mein Bewusstsein. Es geht noch nicht mal mehr ums Kreieren oder Erschaffen. Es geht ums Sein.

Ich: Das hört sich sehr spannend und nur schwer zu begreifen an. Gibt es etwas, was wir daraus lernen können?

Papa: Ja sehr viel, denn ihr seid das bereits auch schon. Du hast zwar noch einen Tagesablauf, Pflichten und Gedanken, aber wenn du diese an zweite Stelle stellst und immer wieder im Alltag den Zustand von *einfach SEIN* wählst, ergeben sich ganz viele Dinge von allein. Sie regeln sich für dich – zu deinem höchsten Wohl. Du gehst sozusagen mit deinem Ego und deinem Wollen der Verwirklichung aus dem Weg und dadurch geschieht ganz leicht, das, was eh vorgesehen ist.

Ich: Also heißt das, dass alles doch vorbestimmt ist?

Papa: Es heißt, dass alles schon da ist.

Ich: Aber ich kann doch mit meinem Bewusstsein Dinge heranziehen, durch Resonanz, und Sachen erschaffen, Pläne umsetzen und verwirklichen – oder doch nicht?

Papa: Du tust viel mehr in den Momenten, in denen du nicht denkst, in denen du nicht planst. Dein Geisteszustand, wie eine Art Grundhaltung oder besser Grundenergie, ist das, was in Wirklichkeit erschafft. Daher ist oft nach einer Nacht, einem ausgiebigen Schlaf alles leichter oder regelt sich. Weil nicht du als Ego es regelst, sondern die Energie dahinter.

Ich: Und diese Energie dahinter kann ich beeinflussen?

Papa: Das ist das, was du in Wirklichkeit nur beeinflussen kannst.

Ich: Also ist meine Energie zu beeinflussen eigentlich der freie Wille – und der Rest ist Schicksal?

Papa: Genau so ist es.

Ich: Hilf mir, es für den Alltag pragmatischer anhand von Beispielen zu verstehen, bitte.

Papa: Angenommen, du möchtest mehr Erfolg als Selbstständige: Du machst Pläne, beauftragst vielleicht einen Grafiker für deine Website und möchtest mehr Kunden an Land ziehen. Das alles zählt nicht, wenn du von deiner Energieausrichtung im Mangel bist, wenn deine Schwingung niedrig ist, du unglücklich bist. Da können noch so viel Wille und Aktion sein, es wird sich an deinem Erfolg nichts verändern. Und auch wenn du mit Glaubenssätzen deine Muster auflöst, deine Themen ansiehst, ändert sich nicht automatisch die Schwingung.

Wenn du all deine Ansprüche loslassen könntest, dich dem höheren Plan deiner Seele hingeben und mit deinem Wollen aufhören könntest, dann kann sich alles zum Besten entwickeln.

Ich: Aber ist es denn überhaupt der höhere Plan eines jeden Menschen, erfolgreich und glücklich zu sein? Oder ist manchmal nicht auch der Lebensplan, unglücklich zu sein oder Mangel zu erleben?

Papa: Nein, ich kenne keine Seele, die sich als Plan für diese Welt Unglück ausgewählt hat. Es geht immer um Erfüllung und Verwirklichung von sich selbst. Das Unglück oder das unglücklich fühlen, ist eine Wachstumschance und zeigt einem immer, dass noch etwas nicht geheilt oder verstanden ist. Keine Seele inkarniert, um unglücklich zu sein!

Ich: Danke, das ist schön zu hören und beruhigend. Warum sind es dann trotzdem so viele?

Papa: Weil sie nicht verstehen, dass sie es nicht sein müssten.

# Bipolar – wenn die Seele keine Balance findet

Den Begriff *bipolar* gab es in meiner Jugend nicht und ich bin auch sehr froh, dass ich nie diese Diagnose bekommen habe. Im Nachhinein denke ich, dass ich es aber war.

Ich bin im Feld von Manie und Depression aufgewachsen. Mein Vater hatte immer wieder manische Züge und später, kurz vor seinem Tod, auch manische Schübe. Er kaufte wahllos Dinge für sich, trank 20 Tassen Espresso, schlief kaum und hatte panische Angst vor depressiven Episoden. Meine Mutter war eher das Gegenteil und kämpfte oft mit der Dunkelheit in sich.

In meiner Jugend wechselten sich Hoch- und Tiefphasen ab. Ich war manchmal sehr gesellig, lachte viel, testete meine Grenzen aus – sowohl körperlich, sexuell als auch emotional –, fühlte mich unbesiegbar und dann kam eine Phase, in der ich kaum aufstehen konnte, in der jeder Handgriff zu viel war und ich an nichts Interesse oder Freude hatte. Mit Alkohol verschlimmerten sich beide Phasen immer sehr stark. Und auch später, als ich schon Familie hatte, waren die Phasen sehr anstrengend für mich. Es gab selten einen Mittelweg. Entweder arbeitete ich über meine Grenzen hinaus oder ich lag regungslos auf der Couch.

Mein ganzes Leben lang sehnte ich mich nach Balance, die mir für mich unmöglich schien. Was mir irgendwann auffiel, war, dass ich auch an den Tagen, die ich toll fand und wo ich leistungsfähig war, nicht ganz ich selbst war. Ich war außerhalb von mir. Und darauf folgten dann Tage, an denen ich das Gefühl hatte, dass mein Körper mich zu mir zurückholte. Dadurch, dass ich dann ein, zwei Tage im Bett verbringen musste, fühlte ich mich mir selbst näher und erholte mich wieder. Und langsam verstand ich, dass es nicht darum ging, die schwachen Tage zu vermeiden, sondern mich nicht an den scheinbar starken Tagen selbst zu verlassen. An den (ich nenne sie mal) manischen Tagen war ich mit meiner Energie im außen. Ich wollte leisten, definierte mich über Erfolg und Meinungen anderer, spürte, was andere wollten und ließ mich selbst ein Stück im Stich. Als ich das spüren konnte, konnte ich erkennen, dass manisch nicht gleich gut ist.

In einem Artikel las ich, dass in manischen Phasen ein bestimmter Hormoncocktail im Gehirn für Glücksgefühle sorge, die sich ähnlich wie Liebe anfühlen und einen süchtig machen. Deshalb ist es für Menschen mit manischen Gefühlen sehr schwer, sich Hilfe zu holen, da es sich so gut anfühlt, auch wenn man im Geheimen weiß, dass man sich auch in diesen Phasen schadet.

Ich: Papa, du hast deine manischen Phasen geliebt und ich habe dich immer für deinen Enthusiasmus bewundert. Verstehst du aus deiner jetzigen Sicht, was ich oben geschrieben habe?

Papa: Ja, und du hast recht. Für mich war die Manie der

Schlüssel, um zu fühlen, dass ich lebe. Nur wenn es mir so ging, fühlte ich mich wirklich lebendig. Ich konnte schlecht still sitzen, genießen, mich dem Fluss des Lebens hingeben, da ich Angst hatte, unterzugehen.

Ich weiß jetzt, dass es eine Illusion war. In Wirklichkeit bin ich vor dem Leben davon gerannt. Ich wollte es kontrollieren. Ich wollte bestimmen, wie es sich anfühlen sollte und habe mir selbst und meinen Gefühlen nicht vertraut. Ich bin nicht wirklich in Verbindung gegangen und habe mich nicht wirklich berühren lassen. Ich verstehe es jetzt und bin dankbar, dass du nicht mehr versuchst, es mir nachzumachen.

Ich: Das berührt mich sehr. Ich habe mich immer schwach neben dir gefühlt, weil ich nicht so leistungsfähig und begeisterungsfähig war wie du. Und oft auch nicht so abenteuerlustig. Ich dachte immer, ich verpasse etwas.

Papa: Weißt du, das habe ich, obwohl ich ständig etwas Neues erlebt habe, auch gefühlt. Es war NIE genug. Wenn der eine Kick nachließ, suchte ich schon den nächsten. Es gab nie ein Ende.

Ich: Wie fühlst du es jetzt? Lag manches nicht auch an deinem Lebensplan? Daran, dass du vielleicht gefühlt hast, dass du nicht so viele Jahre auf dieser Welt hattest?

Papa: Es war eine Kombination aus beidem. Man kann diesen Drang, viel zu erleben, auch haben, ohne manisch zu sein und über seine Grenzen und die der anderen Menschen zu gehen. Ich habe andere oft verurteilt, war wütend, wenn sie meine Abenteuer nicht mitgemacht haben und dachte, mein Weg wäre der einzig richtige. Das war falsch. Ich bin jetzt in der geistigen Welt dankbar für die Erfahrungen, die ich gemacht habe, aber ich wünschte, ich hätte sie in mir im Frieden und aus der Fülle heraus machen können und nicht aus dem manischen Zwang heraus. Aber ich hadere nicht mehr damit. Es war mein Schicksal und ich konnte manches zu Lebzeiten nicht erkennen.

Ich: Was ist wichtig für Menschen, die auch so fühlen, die nie in Balance sind und ständig mit diesen zwei Seiten in sich kämpfen?

Papa: Es ist wichtig, anzunehmen, dass beide Seiten zu einem gehören. Dass eine Seite nicht besser als die andere ist, und beide als Ratgeber zu sehen. Es ist wichtig, zu beobachten, wann eine Seite kippt, wann man das Gefühl hat, manischer oder depressiver zu werden und was es auslöst. Dann sollte man sich ansehen, warum man einer Situation, einem Menschen oder auch einem eigenen Gedanken die Macht gibt, dies kippen zu lassen. Es hilft, sich beide Anteile als eigenständige Personen im Inneren vorzustellen und mit ihnen Dialoge zu führen.

Sie wollen beide etwas Gutes von uns und sie können lernen, in friedvoller Koexistenz miteinander zu leben und uns zu beraten. Stell es dir wie eine Waage deiner Seele vor – obwohl Seele eigentlich das falsche Wort ist, aber ich verwende es, da du es in der Kapitelüberschrift verwendet hast – und diese Waage darf ein wenig schwanken und du beobachtest sie und entscheidest frei, welche Seite etwas mehr Gewicht heute benötigt. Kannst du die Balance fühlen?

Ich: Ja, ich kann sie inzwischen fühlen und genieße diese sehr.

Papa: Das freut mich so sehr. Es tut mir leid, dass ich dir früher das Gefühl gegeben habe, dass du schwach bist, wenn du eine Pause brauchst oder nicht fit bist. Es gehört beides zum Genuss des Lebens – die Stille und die Aktion!

# Vollständig fühlen

Ich: Hallo Papa, wie geht es dir heute?

Papa: Es geht sehr gut.

Ich: Wie lustig, wie du das sagst.

Papa: Ein bisschen Spaß muss sein.

Ich: Erzähl mir von deinem Spaß.

Papa: Ich habe immer Spaß. Es sind Kleinigkeiten in meinem Kopf, in meinem Herz, die mich erfreuen.

Ich: Kannst du mir das näher beschreiben?

Papa: Freude ist immer und fortwährend, aber es braucht kleine Auslöser, sodass wir uns an diese Freude in uns erinnern können.

Ich: Meinst du das so, wie ich es heute erlebt habe? Dass ich mich zwingen musste, spazieren zu gehen, und als ich dann draußen war, gemerkt habe, dass es mir Freude macht?

Papa: Ja etwas, aber es ist eher so, dass die Freude immer in uns ist, wo sonst könntest du die Freude spüren als in dir. Manchmal bedarf es aber eines Auslösers, um dies in uns wiederzufinden, so wie wenn man eine Münze unter einer Decke auf der Couch versteckt. Man weiß, die Münze ist da, sie war nie weg. Nur weil man gerade keinen Zugang dazu hat, würde aber ja keiner sagen, dass es die Münze nicht gibt. Man muss nur eben erst die Decke wegnehmen, um die Münze wiederzufinden. Sie war aber immer da, sie hat sich nicht verändert und ist nicht abhängig von unserer Wahrnehmung. Die Freude ist immer in dir, aber oft verdeckst du sie.

Ich: Kannst du die Freude auch noch verdecken?

Papa: Nein, nicht so wie du. Mir ist die Freude immer bewusst. So, wie du im Jenseitskontakt immer die Freiheit und Leichtigkeit bei den Verstorbenen spürst, und doch, wenn du sie nach ihrem Leben fragst, fühlt es sich manchmal schwer für sie an – oder auch, wenn es schlimme Themen gab, spürst du, dass sie diese auch erst verarbeiten müssen. Aber das heißt nicht, dass sie während der Verarbeitung die Freude zudecken, wie ihr es auf der Erde tut, sondern beides kann unabhängig voneinander existieren.

Ich: Das müsste dann viel leichter zu verarbeiten sein, weil man dann ja nicht so tief fällt beziehungsweise man immer weiß, dass es einem trotzdem gut geht, auch wenn das Thema schwer ist. Man ist nicht so tief traurig oder verzweifelt, oder?

Papa: Ja, so ist es.

Ich: Warum können wir es selten so empfinden?

Papa: Weil ihr keinen Überblick habt und euch mit dem jeweiligen Gefühl in dieser Sekunde zu 100 Prozent identifiziert. *Erleuchtete* haben es verstanden und ein paar wenige Menschen. Sie haben verstanden, dass es nur ein Aspekt vom Menschen ist, der sich in dem jeweiligen Moment zeigt. Dass Traurigkeit, Wut und Verzweiflung nur Gefühle sind, die ausgedrückt werden wollen, die da sein müssen, bevor man sie wieder fließen lassen kann. Aber dass man sich damit nicht identifizieren muss.

Ich: Ich finde das kompliziert. Wir leben nun mal in dem jeweiligen Moment und wenn ich in diesem Moment traurig oder ängstlich bin, dann fühlt sich das sehr existenziell an.

Papa: Das ist das Problem der Menschen. Dadurch entstehen Kriege und Depressionen. Uns wird gelehrt, Gefühle zu unterdrücken und weiterzumachen, bis das Gefühl uns so dramatisch überrollt, dass wir zusammenbrechen oder explodieren. Wenn wir erkennen würden, dass ein Gefühl nur gelebt werden will – ohne Drama und ohne Verdrängung –, dann verliert es seinen Schrecken.

Ich: Aber was ist mit Ängsten? Das sind doch schwachsinnige Gefühle. Es gibt doch gar nichts, vor dem ich mich fürchten müsste und ich tue es trotzdem. Und ich kann dieses Gefühl gar nicht ausleben.

Papa: Du musst unterscheiden zwischen Gefühlen, die zum Beispiel bei Kindern unmittelbar auftauchen und auf Situationen beruhen, und Gefühlen, die du erlernt hast und die aus der Kindheit stammen, die dich schützen wollen und dir jetzt im Weg stehen.

Ich: Wie kann ich mit dem Zweiten umgehen?

Papa: Du musst umlernen. Du musst ein neues Drehbuch für deine Emotion schreiben.

Wenn ich mir Videos von mir als kleines Kind mit 3–4 Jahren ansehe, sehe ich ein komplett selbstbewusstes Kind. Es ist sich selbst und seiner Kraft und Lebensenergie bewusst. Ich habe ein Video, das ich sehr liebe. Ich sitze im Sandkasten, mein Vater filmt mich, ich baue irgendwelche Sandkuchen und singe. Nach jedem schief geträllerten Lied frage ich verschmitzt meinen Vater: »Soll ich noch was singen?« und er sagt immer: »Sehr gerne.« Und ich singe wieder lautstark drauflos. Ich singe alle Kinderlieder hintereinander, die ich auswendig kenne und genieße die ungeteilte Aufmerksamkeit von meinem Dad und der Kamera. Nie wieder danach habe ich ein so selbstbewusstes Video von mir gesehen. Dieses Video ist für mich der Inbegriff für ›mit sich selbst verbunden sein‹.

Jeder Mensch erlebt in seinem Leben Dinge, die ihn von diesem Zustand entfernen. Bei manchen sind es traumatische Erlebnisse, Unsicherheiten in der Schule, Druck der Eltern, Mobbing durch Freunde oder andere Erlebnisse, die einem zeigen: So, wie du bist, bist du nicht okay oder gut genug. Und man fängt an, sich zu verstellen, Teile von sich selbst zu verleugnen und wegzupacken und sich selbst fremder zu werden.

Jedes Baby findet sich selbst und seinen Körper richtig, toll und völlig perfekt. Wie schön wäre es, wir Erwachsenen könnten das fühlen. Wir alle wurden mit dem Gefühl der Vollständigkeit geboren und wir als Seelenwesen sind auch vollständig. Manchmal verwendet man irrtümlicherweise Ausdrücke wie ›die Seele leidet‹ oder ›Seelenanteile zurückholen‹.

Für mich als Medium macht das keinen Sinn. Die Seele einer Person ist immer heil und vollständig. Für mich müsste es richtigerweise heißen: der Emotionalkörper leidet und Persönlichkeitsanteile zurückholen. Mag nur eine andere Formulierung sein, für mich aber ganz entscheidend. Bedenke mal, was es heißt, wenn deine Seele nicht leiden kann und deine Seele sich ihrer Vollkommenheit immer bewusst ist?

Das ist für mich als Medium auch das Faszinierende. Wenn ein Mensch stirbt und die Seele wieder in der geistigen Welt ist, erinnert sie sich an den Plan und ihre Aufgabe auf dieser Welt. Sie erinnert sich an die Vollkommenheit ihrer selbst und oft entschuldigt sich der Verstorbene bei seinen Angehörigen, da er im Nachhinein vieles aus einem anderen Blickwinkel sieht. Die Seelen begreifen, dass alles, was sie auf dieser Welt erlebt haben, nur ein Aspekt ihres Lebens in der Dualität war, dass jedes Gefühl der Trennung, der Unvollkommenheit oder des Schmerzes in der geistigen Welt und auf Seelenebene nicht wirklich existiert und im Nachhinein überhaupt nicht mehr wichtig für sie ist.

Ich: Papa, warum ist das so wichtig, dass wir den Unterschied verstehen?

Papa: Schau es dir an deinem Beispiel an: Du dachtest immer, mit dir als Seele stimmt etwas nicht. Du hattest oft das Gefühl, nicht auf diese Welt zu gehören und dass deine Wahrnehmungen eine Psychose sind.

Wenn du damals gewusst hättest, dass du auf emotionaler Ebene ein Trauma erlebt hast, was man bearbeiten und lösen kann, du aber als Seelenwesen heil bist und das ja auch immer mal wieder in besonderen Momenten gespürt hast, hättest du vielleicht mehr vertrauen können und dich selbst nicht über so viele Jahre gehasst. Verhalten kann man umlernen, emotionale Probleme kann man auflösen, Denkmuster kann man lösen, aber die Seele braucht keine Heilung.

Ihr müsst verstehen, dass eure Seelen immer heil sind. Wenn man leidet, leidet das innere Kind, andere innere Räume, Emotionen, die es anders haben wollen, alte Anteile, die zeigen möchten, in welchen Bereichen noch keine Heilung stattgefunden hat. Leid ist immer Aufruf zum Wachstum.

Ich: Das verstehe ich. Aber kann man sich jemals zu Lebzeiten als Seele vollständig fühlen oder ist das gar nicht Sinn dieses Lebens in der Dualität? Ich erlebe in der Praxis so viele Menschen, die sich getrennt fühlen und ihr inneres Seelenglück und ihre Erfüllung im außen suchen – durch den Seelenpartner, durch beruflichen Erfolg, durch materielle Dinge.

Papa: Man kann es. Es gibt viele Berichte von Menschen, die entweder im tiefsten Schmerz oder in den extremsten Situationen oder Veränderungen sich wieder erinnert haben. Es gibt Menschen, die es in der Trance oder in der Meditation spüren, und es gibt auch viele Menschen, die es mehr oder weniger bewusst im Alltag leben. Du hattest doch auch vor kurzem einen Klienten, der eine ganz besondere Ausstrahlung hatte, erinnerst du dich? Er war bewusster als alle andere. Er haderte nicht mit dem, was passierte und es wirkte, als sähe er das Leben als Erfahrungsfeld oder Spiel, in dem er mitspielen durfte. Er wirkte mit Mitte 40 wie ein staunendes Kind, das jeden Tag aufwacht und neugierig sich fragt, was es heute wohl erleben wird. Das ist es. Daher hast du dich noch so lange inspiriert von ihm gefühlt.

Ich: Stimmt. Irgendwie fand ich ihn seltsam, aber auch enorm bereichernd. Warum kann ich das nicht? Ich wache oft müde auf, mir ist das Leben oft zu anstrengend und ich freue mich, wenn ich ins Bett gehen kann, meine Augen schließen, die Welt draußen lassen und meine Ruhe haben kann.

Papa: Es hat mehrere Gründe:

1. Da du noch immer Angst vor dem Leben hast, du dich oft bedroht fühlst.
2. Du glaubst, auf alles reagieren zu müssen, fühlst dich für alles verantwortlich, daher fehlt dir die Neugierde, weil es zu anstrengend ist.
3. Deine Begeisterung, deine Freude am Leben fehlt.

Ich: Wie kann ich die drei Dinge ändern?

Papa:

1. Gib der Angst den Raum, wo sie hingehört und achte darauf, dass die Angst nicht mehr Raum einnimmt, als du ihr geben möchtest.
2. Lass los. Höre auf, allen gefallen zu wollen.
3. Übe dich jeden Tag in Begeisterung. Jeden Tag, mehrmals am Tag.

# Der Wert des Schmerzes

Viele Menschen leben ihr Leben lang im Nebel, aus Angst vor ihrer eigenen Dunkelheit.

# Leiden

Ich: Papa, kannst du mir den Unterschied zwischen Schmerz und Leiden erklären?

Papa: Der Schmerz, den du in deiner Inkarnation erlebst, ist deine Lebensaufgabe. Er prägt dich, lässt dich auf Seelenebene reifen. Leiden tust du, wenn du es nicht annimmst. Wenn du das, was an Schmerz da ist, nicht haben willst, es unterdrückst oder weghaben möchtest. Dann beginnt bei den Menschen das Leiden. Man kann traurig sein, Schmerzen haben, wütend sein, wenn das die wahrhaftigsten Gefühle des Augenblicks sind, ist es sinnlos, es anders haben zu wollen. Das verursacht Leiden.

# Meine Sicht zu Schmerzen

Schmerzen begleiten mich mein Leben lang. Ich habe früher viele konfuse Schmerzzustände gehabt. Teilweise waren die Schmerzen in meinem Körper so massiv, dass ich nicht wusste, wie ich aufstehen und den Tag überstehen sollte. Ich hatte Nervenschmerzen, Gliederschmerzen, Gelenkschmerzen, Kiefer-Nackenschmerzen, Rückenschmerzen, Organschmerzen von Bauchschmerzen und Krämpfen über Herzschmerzen, Lendenschmerzen, Lungenschmerzen mit Atemblockaden und Muskelschmerzen mit Zittern und Lähmungserscheinungen. Ich bin vom Kardiologen über Neurologen, MRT, CT, Röntgen zu Heilpraktikern, Heilern und Psychologen geschickt worden. Mal gab es kleine Diagnosen wie »vielleicht ist es Fibromyalgie, vielleicht idiopathisch, vielleicht psychosomatisch, vielleicht ...«.

Was mich dabei immer fasziniert hat, war, dass die Schmerzen wöchentlich oder monatlich wechselten. Mal hatte ich Schmerzen in den Armen, mal in den Beinen, mal im Bauch, mal im Rücken.

Ich habe mich schon immer viel mit Organ- und Symptomsprache beschäftigt und energetisch habe ich immer gesehen, dass in verschiedenen Körperbereichen verschiedene Themen gespeichert sind. Ich sah bei meinen Klienten, dass es nie zufällig war, in welchem Bereich sie eine blockierte Energie hatten. Denn Schmerzen oder Krankheiten sind immer blockierte, nicht richtig fließende Energien und oft konnte ich bei anderen das Thema hinter der Blockade lesen und übersetzen.

Aber ganz so einfach, wie es in manchen Büchern steht, ist es für mich nicht. Es ist nicht immer eine Blockade in der Niere, wenn es um ungeweinte Tränen geht, nicht immer ungelebte Freude und Liebe, wenn es ums Herz geht. Es ist weitaus vielschichtiger. Und dennoch trägt jeder Schmerz auch das Wissen um den Ursprung und auch das Potenzial zum Erkennen in sich. Ich habe es mir zur Gewohnheit gemacht, mit den einzelnen Körperregionen und Organen in Dialoge zu gehen.

Ich sehe sie als eigenständige Systeme an – als Kommunikationspartner. Ich durfte lernen, still zu werden, nicht darüber nachzugrübeln, sondern mich energetisch mit ihnen zu verbinden und um Antworten auf meine Fragen zu bitten und zu fühlen, was mir das jeweilige Symptom oder der jeweilige Schmerz sagen will.

Ich merkte zum Beispiel, dass ich immer Schmerzen in den Handgelenken bekam, wenn ich mich in einer Situation unfrei und gefangen fühlte. Ich spürte, dass meine Haut reagiert, wenn ich Wut auf Menschen unterdrückte oder mich ungerecht behandelt fühlte. Meine Nebenhöhlen zeigten mir, dass sie zugingen, wenn mir etwas zu viel wurde. Alle Symptome wollten im Endeffekt etwas Gutes von mir. Mich schützen, mir Themen zeigen, mir auch aufzeigen, wo ich Gefühle unterdrückte oder mich nicht angemessen äußerte.

## Krankheit

Ich: Was ist denn Krankheit überhaupt energetisch betrachtet?

Papa: Krankheit ist blockierte Energie. An einer Stelle des Energiesystems ist etwas blockiert und die Energie kann nicht normal fließen. Wenn das längere Zeit bestehen bleibt, führt es zu mehr Blockaden, auch in anderen

Teilen. Wie wenn man im Haus ein Wasserleck hat und man es nicht repariert, dann entstehen mehr Probleme.

Ich: Und wie entstehen solche Blockaden?

Papa: Schaue dir Babys an. Sie sorgen intuitiv noch direkt für die Befriedigung ihrer Bedürfnisse. Sie schreien, wenn sie Hunger haben oder etwas brauchen. Aber wenn sie keine Liebe und Sicherheit bekommen, weinen sie auch.

Wird dann aber zum Beispiel in der fortschreitenden Kindheit nicht für emotionale Fürsorge gesorgt, kommt es zu Ängsten, Traumata, Belastungen und dies führt zu energetischen Blockaden. Oft so, als ob ein Teil an Bedürfnis oder an Emotion abgespalten wird, da es nicht in Harmonie gebracht werden kann. Dieser Teil wird verdrängt, um weiter funktionieren zu können. Er führt energetisch aber zu einer Blockade des Energiesystems.

Krankheiten sind häufig entstanden durch emotionale, mentale und energetische Verdrängung von Gefühlen, Bedürfnissen und das Aushalten von Situationen, die Disharmonie bringen.

Ich: Also steht hinter jeder Krankheit immer Emotion und Verdrängung.

Papa: In den meisten Fällen.

Ich: Was gibt es noch für Sonderfälle?

Papa: Auslöser können natürlich auch Unfälle, Schicksal oder ein schlechtes Sorgen für sich selbst durch ungesunde Lebensweise sein. Aber auch bei diesen Fällen steht meist das Erkennen der emotionalen Problematik als Thema dahinter und löst diese Fälle aus.

## Meine Sicht auf Schicksal und Unfälle

Viele Krankheiten resultieren aus Blockaden, die oft emotionaler oder mentaler Natur sind. So sind Krankheiten auch Heilungsimpulse, da sie uns auf eine Schieflage, etwas Verdrängtes oder nicht Gesehenes, hinweisen. Bei Unfällen nehme ich oft ähnliche Energien wahr.

Wenn jemand zum Beispiel längere Zeit nicht auf seine Emotionen geachtet hat und keine Grenzen setzt, dann kann es sein, dass er unbewusst einen Tiefpunkt, einen Unfall anzieht. Dann wird er im außen blockiert. Ein Unfall ist immer ein Wendepunkt, der einem sagt: »Mach so nicht weiter.«

Wenn man beispielsweise die Treppe herunterfällt, kann es energetisch bedeuten, dass man keinen sicheren Stand hat, dass der Boden einem unter den Füßen weggezogen wird und man eventuell emotional sich allein und hilflos fühlt. Durch das Fallen wird es einem erst bewusst. Ein Auffahrunfall mit dem Auto kann energetisch bedeuten, dass man keine Grenzen gesetzt hat, dass man Bedürfnisse anderer vor seine eigenen gestellt hat, dass man vielleicht zu viel wollte, dass man sozusagen mit Anlauf gegen eine Wand rennt. Man wird durch den Unfall komplett ausgebremst, um zur Ruhe zu kommen und sich neu ordnen zu können.

Mit Schicksal meine ich, dass manche Krankheiten oder Unfälle oder Behinderungen im Lebensplan feststehen. Dass sie sozusagen Aufgaben sind, die wir auf Seelenebene vor dieser Inkarnation gewählt haben und wo unsere Lebensaufgabe mit der Bewältigung der Situation zusammenhängt. Es macht keinen Sinn, bei jeder Krankheit oder Unfall sich zu fragen, ob es energetisch oder schicksalhaft war. Man kann den Unterschied oft nicht wahrnehmen. Es ist auch gar nicht wichtig. Denn sobald es da ist, ist es auch eine Lebensaufgabe von uns und möchte uns etwas mitteilen.

Genauso ist es mit Krankheiten, die wir durch schlechte Angewohnheiten in unser Leben gezogen haben. Wenn Angehörige zum Jenseitskontakt kamen, dessen Verstorbene durch Alkohol- oder Drogenprobleme gestorben waren, kam oft die Frage, ob es denn nicht verhinderbar gewesen wäre. Wäre es verhinderbar gewesen, wäre es verhindert worden. So einfach ist meine Antwort. Es gibt viele Menschen, die als Heilungsthema ein Alkoholproblem haben, es erkennen, sich mit den Blockaden und Themen dahinter auseinandersetzen und ihre Themen heilen. Es gibt aber auch viele, die dazu nicht in der

Lage sind. Ob man dazu in der Lage ist, hängt mit dem Grundcharakter zusammen, den wir wählten, als wir auf diese Welt kamen. Also ist das wiederum Schicksal.

Ich hoffe, du verstehst, dass die Frage, ob eine Blockade erkannt und geheilt werden kann, letzten Endes dann wieder abhängig vom Lebensplan, also vom Schicksal ist. Dennoch sollten wir nie etwas unversucht lassen, und wenn du das Buch bis hierhin schon gelesen hast, zeigt es, dass du auf jeden Fall in der Lage bist, manches zu erkennen, aufzulösen und zu heilen.

## Der Wert des Symptoms

Papa: Lass uns mal eine Übung zusammen machen. Suche dir eines deiner aktuellen Symptome aus, egal ob körperlich oder emotional.

Ich: Okay, ich nehme meine chronischen Nebenhöhlenprobleme.

Papa: Gut. Jetzt richte deine ganze Aufmerksamkeit auf deine Nase und Nebenhöhlen. Sie sind ein eigener Kommunikationspartner, wie eine eigene Persönlichkeit. Du sprichst nun mit ihnen wie mit einem Freund.

Ich: Hallo Nebenhöhlen (NH), wie geht es euch heute?

NH: Wir haben die Schnauze voll.

Ich: Warum?

NH: Alles nervt, es ist alles anstrengend und blöd.

Ich: Was genau?

NH: Zu viele negative Themen, zu viele Menschen nerven. Das macht uns wütend.

Ich: Was braucht ihr?

NH: Luft zum Atem nur für uns. Sonne und Leichtigkeit. Lachen und Freude als Energie.

Ich: Wo hat das Symptom begonnen?

NH: Schon in der Kindheit beim Fühlen, was andere von uns erwarteten oder gern hören wollten und wir dies tun sollten und somit nicht mehr das, was wir (Nina) wollten.

Ich: Also, wenn ich die Grenzen mehr wahre und mehr darauf achte, was ich wirklich möchte und was nicht, braucht ihr nicht mehr Schmerzen produzieren?

NH: Ja. Es geht um Abgrenzung, Selbstachtung und Selbstausdruck.

## Schattenthemen

Was sind Schatten? Schatten ist nicht die Abwesenheit von Licht. Es ist das, was vom Licht nicht berührt wird, was hinter uns steht, was ein Potenzial birgt, was uns Kraft nimmt und Kraft schenken kann.

Ich: Was genau meint ihr als geistige Welt damit?

Papa: In deinen Schattenthemen liegen dein Schmerz, deine Angst, deine Zweifel begraben. Jeder hat Schattenthemen, sobald er nicht auf seine Gefühle hört, sobald er *erzogen* wird von Eltern, Schule, Gesellschaft.

Man kommt auf die Welt als reines Seelenwesen. Schau dir neugeborene Babys an. Sie bringen zwar schon ihre Aufgaben, ihren Charakter auf diese Welt mit, aber sie sind noch völlig im Frieden mit sich und der Welt um sich herum. Ich habe noch nie ein Baby erlebt, dass an sich gezweifelt hat oder die Milch nicht annehmen wollte, weil es sich nicht sicher war, gut genug dafür zu sein.

Sobald wir mit den Mustern und Themen unserer Eltern, des Kindergartens, der Schule und des Umfelds in Kontakt kommen, verändern wir uns. Wir spalten teilweise unsere Gefühle ab, sagen nicht mehr, was wir denken, um gemocht zu werden oder dazuzugehören. Wir spüren, was andere von uns erwarten und passen uns an. Alles, was wir nun nicht mehr leben können, wird zu unserem Schatten.

Unsere Träume und Wünsche werden in eine Art Schatzkiste auf dem Grund unserer Seele versenkt, mit dem Versprechen, sie irgendwann wieder hervorzuholen. Aber auch Erlebnisse, die wir nicht verarbeiten können, werden zu unserem Schatten. Ängste, Traurigkeit und Wut werden heruntergeschluckt und weggepackt. Aber das verschwindet nicht einfach, sondern wird zu Schatten, der uns unterschwellig belastet.

Der Schatten trägt ein großes Potenzial, das wir nicht zulassen! Schatten können unglaublich belastend sein, aber auch sehr viel gebundene Energie enthalten.

Ich: Gib mir bitte ein paar Beispiele, damit ich es besser verstehen kann ...

Papa: Also, nimm zum Beispiel einen Mann, der in der Kindheit nicht genug Liebe und Anerkennung bekommen hat. Er wächst mit einem Mangel in sich auf, den er aber als normal nach außen hin deklariert und empfindet, weil seine Eltern ihn im Glauben aufwachsen haben lassen, dass man viel leisten muss, um geliebt zu werden.

Er studiert und arbeitet danach in einer großen Firma und kämpft jeden Tag verzweifelt darum, noch mehr Anerkennung zu bekommen. Er wird befördert und verdient immer mehr Geld, aber der Mangel in ihm bleibt bestehen, da der Mangel nicht hier und jetzt zu stillen ist. Es ist der Mangel an Liebe, den sein inneres Kind noch immer in sich trägt und nicht der Mangel an Geld als Erwachsener. Daher arbeitet er immer mehr und mehr, da er glaubt, irgendwann dann glücklich zu sein. Vielleicht hat er das *Glück*, dass sein Körper ihm irgendwann eine Grenze zeigt und er erkennt, dass er sich mit sich selbst und seinen Schattenthemen auseinandersetzen muss. Vielleicht stirbt er aber auch beim Versuch, gegen die Schatten anzukämpfen.

Ich: Verstehe. Waren meine Ängste in der Kindheit und Jugend auch Schattenthemen?

Papa: Ja. Da keiner von der Gewalt wusste, die dir angetan worden ist, versuchte dein Unterbewusstsein, es selbst zu verarbeiten. Du hattest irrationale Ängste, wie die Angst vor Dunkelheit oder allein zu sein. Du hast dir aber deine Themen angesehen und viele davon verarbeitet und geheilt. Erst nachdem man die Themen zulässt, ansieht und heilt, kann das darin verborgene Potenzial auch genutzt werden.

## Schattenthemen aus meiner Sicht

Als Menschen werden wir mit allen Aspekten geboren. Wir alle haben das Potenzial, Gutes in die Welt zu bringen oder Schaden und Schmerz. Alle Anteile sind in uns angelegt. Auf der anderen Seite braucht es auch immer jemanden oder eine Gesellschaft, die bewertet, was richtig und gut und was schlecht und böse ist.

Erst wenn wir als Kind über unser Umfeld lernen, unsere Gefühle und Verhaltensweisen in richtig und falsch einzuordnen, gehen wir in die Bewertung dessen, was wir fühlen und tun.

Uns wird zum Beispiel beigebracht, dass wütend oder traurig sein, nicht richtig ist und nicht gezeigt werden darf. Diese Emotionen, die aber da sind, werden dann aktiv verdrängt und unterdrückt. Sie verschwinden aber nicht einfach, sondern werden als Schattenthemen in uns abgespeichert. So ist es auch mit Erfahrungen oder Gedanken, die ›nicht sein dürfen‹. Wiederholt sich das öfters oder über einen längeren Zeitraum, werden diese Schattenthemen zu Schattenanteilen von uns.

In der Aura nehme ich es so wahr, wie wenn ich beim Klienten zwei Gesichter sehe oder manchmal auch wie eine Schatzkiste, die tief auf dem Boden des Herzens versenkt wurde. Denn diese nicht gesehenen Schattenthemen enthalten auch immer Potenziale der Heilung und der Vervollständigung unserer Persönlichkeit.

Bei mir persönlich war Wut zum Beispiel lange Zeit ein Schattenthema. Ich war nicht wütend auf die Täter meiner Kindheit. Ich verstand den Seelenplan dahinter und konnte keine Wut spüren. Bei mir in der Familie war Wut auch ein heikles Thema, da meine Mutter mir immer vorlebte, dass die Wut meines Vaters bedrohlich für sie war. Sie hatte ihr Kindheitsthema mit ihrem cholerischen Vater nicht geheilt und trug deshalb die Angst in sich, angegriffen zu werden. Wenn mein Vater in einer Diskussion lauter wurde, versank sie in Schockstarre und flüchtete. Bei uns Kindern hinterließ dieses Verhalten das Gefühl, dass Wut nie angemessen ist. Wir wuchsen in dem Feld aus Angst und Flucht auf und es wurde auch zu meinem Verhaltensmuster. Wenn ich mich angegriffen fühlte, wurde ich still und zog mich zurück.

Erst viel später, als ich Heilungsarbeit mit meinem inneren Kind machte, spürte ich die Wut dieses Kindes in mir. Ich merkte in Gesprächen mit meiner Mutter, dass ich wütend über ihr vermeidendes Verhalten wurde und mich ihr Fluchtverhalten triggerte. Eine gesunde, positiv genutzte Wut kann etwas sehr kraftvolles sein, wenn man sie nicht gegen sich selbst oder andere richtet.

Ich lernte, dass ich wütend sein darf und auch Menschen gegenüber Grenzen setzen darf. Das war ein Prozess über einige Jahre und inzwischen weiß ich meine Wut, als Anzeiger, dass hier gerade eine Schieflage existiert, sehr zu schätzen. Das Gefühl an sich ist niemals richtig oder falsch. Es will dir immer etwas sagen. Wie du damit umgehst und ob du den Wert darin erkennst, das ist aber deine Verantwortung.

## Energetische Bedeutung eines Traumas

Ich: Was ist Trauma und wo beginnt es?

Papa: Trauma ist immer das Erleben des nicht Aushaltbaren. Solange wir mental und emotional mit einer Situation umgehen und diese einordnen können, bilden sich keine Trauma-Strukturen. Aber wenn wir keine Erklärung für etwas haben, uns als Opfer fühlen, nicht damit umgehen können, erleben wir sozusagen einen Schock auf emotionaler Ebene. Es hat immer mit einem völligen Kontrollverlust zu tun und einer unkontrollierbaren Bedrohung.

Ich: Was passiert dann energetisch?

Papa: Es laufen verschiedene Mechanismen ab. Energetisch wird der Körper auf einen Notfall vorbereitet. Der Sympathikusnerv, der für Flucht und Reflex zuständig ist, wird aktiviert, Hormone wie Adrenalin werden ausgeschüttet und der ganze Körper und das Energiesystem sind in Alarmbereitschaft.

Emotional findet eine Abspaltung der Gefühle statt. Angst, Wut, Hoffnung wird nicht mehr gefühlt, man wird empfindungslos. Man ist nur noch ausgerichtet aufs Überleben, zu jedem Preis. Je länger man in diesem Modus ist, umso stärker werden Beschwerden wie Unruhe, Schlafstörungen, Herzprobleme, innerer Stress, depressive Gefühle und vieles mehr.

Ich: Warum ist das Thema Trauma wichtig zu besprechen?

Papa: In der heutigen Medizin wird über Trauma nur bei akuten Problemen gesprochen, wie zum Beispiel wenn jemand einen Unfall hatte, wenn man eine Naturkatastrophe oder einen Überfall überlebt hat. Aber darüber, dass viel mehr Menschen unter Traumafolgen, besonders auch aus der Kindheit, leiden – und dies in ganz unterschiedlichen Ausprägungen – wird nicht gesprochen.

Ich: Das heißt, viele Menschen tragen Traumathemen in sich, die es ihnen schwer machen, in Heilung zu kommen – und keiner erkennt es?

Papa: Ja genau. Man geht vielleicht zum Arzt, weil man nicht schlafen kann und unter chronischen Bauchschmerzen oder Herzrasen leidet und der Arzt denkt nur an den derzeit bestehenden Beruf und verschreibt einem Medikamente. Und selbst wenn man sich mit alternativer Medizin beschäftigt und Heilmeditationen usw. macht, hat man immer nur wenig Erfolg. Man versucht sich Gutes zu tun und seinen Alltag zu verändern, aber fühlt sich in diesem Prozess immer wieder blockiert, als würde etwas in einem einen davon abhalten, zu heilen. Das ist die innere Trauma-Blockade.

Ich: Also ist Trauma ein viel größeres Thema, als es so öffentlich genannt wird? Und welche Traumata meinst du genau?

Papa: Trauma ist bei den Menschen DAS Hauptproblem und es führt zu unglaublich vielen Krankheiten. Und ich meine eben nicht, das EINE große Trauma des Unfalls.

Trauma aus spiritueller Sicht kann auch die Scheidung der Eltern in der Kindheit sein, das Mobbing in der Schule, das nicht gut genug fühlen durch die Lehrer, die Geldprobleme des Vaters, sozusagen das Leiden des eigenen inneren Kindes. Und ein großes Thema sind auch die vielen Schichten eines Traumas.

Ich: Wie meinst du das?

Papa: Nehmen wir zum Beispiel jetzt mal die Scheidung der Eltern, wenn das Kind 10 Jahre alt ist. Die Scheidung an sich ist nicht das Trauma. Alles Energetische drum herum aber schon. Die Eltern streiten sich schon, seit das Kind 6 Jahre alt ist. Das Kind fühlt sich nicht gesehen und ungeliebt. Es wünscht sich ein harmonisches Familienleben, Liebe und Aufmerksamkeit. Stattdessen macht ihm die Situation Angst, da es die Angst der Mutter und die Wut des Vaters spürt. Mit ihm – als Kind – wird nicht offen darüber gesprochen, daher verunsichert es das Kind und diese Verunsicherung arbeitet energetisch als Muster und Blockade.

Durch diese entstehende Blockade verändert sich die Frequenz, das Energiesystem des Kindes. Es zieht im außen Situationen an, die es zusätzlich verunsichert und diese Energie spiegelt. Die anderen Schulkinder spüren die Unsicherheit und ärgern es, sagen, es sei schwach oder schüchtern. Dadurch zieht sich das Kind noch mehr zurück. Es wird schlechter in der Schule und bekommt dadurch auch dort die Bestätigung, dass es zu schwach und ungesehen ist.

Die Eltern trennen sich und das Kind muss sich entscheiden, bei wem es wohnen möchte. Es hat Schuldgefühle dem anderen Elternteil gegenüber, fühlt die Welt als ungerecht und gemein. Die Sehnsucht nach Liebe und Harmonie wird immer größer, da sie aber nicht gesehen und erkannt wird, wird diese Sehnsucht unterdrückt und es entsteht eine energetische traumatische Blockade. Das Trauma ist nicht die Scheidung an sich, sondern das nicht aushaltbare Gefühl der Disharmonie, das Nicht-Verstehen der Situation, das Verdrängen der Gefühle, um in diesem Alltag überleben zu können.

Ich: Und so tragen die meisten Menschen traumatisierte Kinder in sich herum – als Blockaden des Energiesystems?

Papa: So ist es. Auch wenn für die Person als Erwachsene, wenn man später darüber spricht, die Scheidung vielleicht nicht mehr als Trauma erscheint, war und ist es für das eigene innere Kind ein traumatisches Thema, was sich als Blockade im physischen Körper und im Emotionalkörper manifestiert hat und was geheilt werden muss.

Ich: Und gehe ich recht in der Annahme, dass dadurch, dass es lange her ist und sich viele Themen danach darauf gesetzt haben, die Heilung auch komplex und vielschichtig ist?

Papa: So ist es leider. Die Heilung betrifft das innere Kind, die Emotionen von Wertlosigkeit und Disharmonie, aber vielleicht auch die Bindungsangst als Erwachsener, die Verlustangst, körperliche Symptome wie Süchte, Ängste, Schmerzen oder andere Themen, die danach entstanden sind, aber auf die damalige Situation zurückzuführen sind. Heilung muss durch alle Themen hindurch und auf allen Energieebenen stattfinden, damit die Blockade verschwinden kann.

Ich: Das hört sich so komplex und anstrengend an, dass man gar keine Lust mehr hat, überhaupt zu beginnen ...

Papa: So soll es sich nicht anhören. Es ist ein wundervoller, transformierender Prozess und jeder einzelne Schritt ist wertvoll. Und oft ist auch schon ein kleiner Schritt für viele Ebenen transformierend und manche Schichten lösen sich auch automatisch durch Heilarbeit an anderen Schichten auf.

Ich: Okay, danke, das macht mehr Hoffnung.

# Schmerzliche Erfahrungen als Lernfeld

Meine Lieblingsthemen sind Missbrauch und Opferschutz, Tierschutz besonders von benachteiligten Hunden aus dem Ausland – also alte oder behinderte Hunde –, der Tod und die Trauer, Suizid als Tabu und Sexualität. Das sind alles mehr oder weniger Tabu-Themen in dieser Gesellschaft und ich möchte Menschen und Tieren meine Stimme leihen, die selbst keine oder keine mehr haben. Der Unterschied, Medium zu sein und den Toten eine Stimme zu geben oder sich für Tiere oder Kinder einzusetzen, ist meiner Meinung nach nicht besonders groß. Beides sind Themen, die die Gesellschaft nicht sehen will und die wichtiger denn je sind.

Ich: Papa, der Sinn von Leid und Schmerz ist mir inzwischen klar. Wir wählen diese jeweilige Inkarnation, um uns selbst zu erleben. Wir kommen aus der Unendlichkeit, aus unendlichem Licht und unbegreiflicher Liebe. Diese können wir nur erfahren, indem wir uns in die Dualität, ins getrennt sein von uns selbst und dieser Anbindung begeben. Das verstehe ich. Ich verstehe, warum ich mir den Missbrauch in meiner Kindheit ausgewählt habe. Ich habe dadurch meine Sensitivität, meine Empathie und meine Medialität entwickelt. Durch das Nahtoderlebnis habe ich mich wieder an meine wahre Seelenheimat erinnert und die Suche, mich wieder vollständig fühlen zu wollen, begann.

Aber was ist mit den Tätern? Haben sie selbst gewählt, Täter zu sein? War der Drang schon in der Kindheit in ihnen? Hätten sie sich dagegen entscheiden können? Wäre mir dann etwas anderes passiert, durch das ich diese Aufgaben hätte erleben können?

Papa: Viele Fragen auf einmal. Ich versuche mal, mich diesem Thema zu nähern. Fangen wir vorne an: Jeder, der auf diese Welt kommt, hat ein Lebensthema. Dazu habe ich dir im ersten Buch ja schon viel erzählt. Dieses Thema ist aus unserer Sicht weder positiv noch negativ. Es ist ein Erfahrungsthema. Es geht einzig und allein darum, sich selbst zu erfahren. Ich verstehe, dass es aus deinem Blickwinkel schrecklich ist, dass wir uns keine Gedanken um die Täter an sich machen. Aber auch die haben ihren Lebensweg. Und ob sie sich über die negativen Dinge, die sie in die Welt bringen, erleben oder über das Gute, das sie bewirken, ist auf energetischer Ebene für die geistige Welt irrelevant.

Das heißt nicht, dass wir Missbrauch und Gewalt gutheißen oder ihr uns nicht leid tut, wenn ihr leidet, aber es ist alles ja nur eine Frage der Zeit, wann ihr auch wieder als Seele hier seid und alles, was ihr erlebt habt, was ihr erleiden musstet und auch was ihr getan habt, verarbeiten werdet. Und Zeit ist für uns hier sowieso nicht wichtig.

Ich: Aber warum sollten wir uns dann überhaupt gegen Missbrauch und Gewalt einsetzen? Dann ist es doch ohnehin egal, ob ich was dagegen tue oder nicht?

Papa: Nein, durch jeden Fall, der öffentlich wird, durch jede große Ermittlungsaktion wird die Gesellschaft verändert. Es finden Bewusstseinsveränderungen statt, es wandelt sich etwas Globales, auch wenn man es nicht direkt merkt. Durch jeden Amoklauf werden Gesetze verändert, Menschen sensibilisiert, Opferorganisationen gegründet, Forschungen gestartet.

Das ist wichtig. Weil jede Seele nicht nur einen eigenen Plan hat, sondern auch einen globalen. Keine Seele kommt nur für sich allein auf die Welt. Sie verändert immer die Welt.

Wie viele Kinderseelen hattest du schon in den Terminen, die ihren verzweifelten Eltern als Botschaft mitgegeben haben, dass aus ihrem Blickwinkel ihr Leben nicht zu kurz war, sondern sie in wenigen Jahren so viel erreichen konnten und so viele Fußabdrücke auf vielen Herzen und in vieler Menschen Leben hinterlassen durften?

Ich: Sehr sehr viele ...

Papa: Darum geht es. Und auch wenn du noch so viel Öffentlichkeitsarbeit machen würdest, du könntest niemals verhindern, dass Missbrauch weiter existiert und dass jeden Tag Kinder Opfer von sexueller Gewalt werden, aber du änderst, wie es ihnen nach diesen Taten gehen wird. Je öffentlicher dieses Thema wird, umso kürzer werden sie sich als Opfer fühlen, umso mehr Hilfe wird es für sie geben, umso schneller können sie verarbeiten, was geschehen ist und umso größer ist die Chance, dass sie daran nicht zerbrechen werden, sondern dadurch wachsen.

Ich: Betrifft das auch andere schmerzvolle Themen, abgesehen von Missbrauch?

Papa: Ja, absolut. Es betrifft alle eure Themen. Ein Thema kommt in das Leben des Menschen, um ihn etwas zu lehren. IMMER! Sobald das Thema gesehen wird, man darüber spricht, es da sein lässt, schaut, was es braucht, um es verarbeiten zu können, sich Hilfe holt, es öffentlich macht, dann wird es einen zum Guten wandeln können.

Wie viele Menschen haben durch ihre größte Niederlage ihren größten Schatz gefunden? Es sind kostbare Bücher durchs Scheitern oder in der größten Not und im dunkelsten Schmerz entstanden. Ich erinnere dich mal an das Buch *Vier minus drei* von Barbara Pachl-Eberhart, die den Tod ihrer ganzen Familie verarbeiten musste oder auch die Bücher von Neale Donald Walsch. Er wäre nicht derselbe, wäre er nicht damals so abgestürzt. Er durfte wundervolle Dinge in die Welt bringen, als er aufgehört hat, gegen seine Situation anzukämpfen.

Genau darum geht es: Es heißt nicht, dass du nichts

tun sollst und in der Opferrolle verweilen musst. Der Schlüssel ist, die Situation komplett und vollständig anzunehmen, wie sie ist, nicht leugnen, nicht schön reden. Und dann zu schauen, was du brauchst, um darin zu heilen. Und dann danach den Schatz in der Aufgabe zu entdecken.

Stell dir vor: Es kommt jemand und schnallt dir einen großen, dreckigen Klumpen Stein um den Bauch. Den musst du ab heute für immer mit dir herumtragen. Zuerst versteckst du ihn unter schönen, weiten Klamotten, damit keiner sieht, was für einen hässlichen Stein du mit dir herumträgst. Immer wieder dann, meist abends oder in der Nacht, wäschst du ihn, pflegst ihn und schaust ihn dir an, da du eh keine andere Wahl hast. Und je öfters du das machst, umso glänzender wird er.

Tagsüber schimmert er manchmal durch dein Shirt und andere Menschen sehen ihn. Inzwischen bist du es auch mehr und mehr leid, ihn zu verstecken und achtest nicht mehr so stark auf die Tarnung. Dadurch kommst du mit Menschen ins Gespräch, die dir ihren Stein zeigen. Sie lassen dich an ihrem schmutzigen, hässlichen Stein teilhaben und teilen den Schmerz mit dir. Und als du ihren Stein betrachtest, siehst du ihn gar nicht als hässlich an. Du entdeckst das Funkeln und Leuchten im Inneren des Steins. Du zeigst es deinem Gegenüber und durch dich sieht er auch das eigene Funkeln.

Abends, nach solchen Gesprächen betrachtest du auch deinen Stein aus einem anderen Licht. Du beginnst ihn nicht mehr weghaben zu wollen, sondern fängst ganz langsam an, ihn zu mögen. Und irgendwann ziehst du morgens dein Shirt nicht über den Stein, sondern darunter an. Er ist vor deine Brust gebunden und als du dich im Spiegel betrachtest, siehst du, dass er über Nacht den letzten Rest Schmutz verloren hat und er strahlt in allen Farben dir aus dem Spiegel entgegen. Und er hängt auch nicht mehr wie ein schwerer Fels an deinen Schultern und deinem Brustkorb, sondern er ist ein Teil von dir geworden und strahlt aus deinem Herzen heraus wie ein Diamant oder Amethyst.

So, aber noch mal kurz zurück zu deinen Fragen: Nein, sie haben sich nicht vor der Inkarnation ausgewählt, Täter zu werden. Alle Täter waren selbst Opfer. Sie werden nicht aus Spaß zu Vergewaltigern oder Mördern. Man muss sehr klar unterscheiden.

Du hast auch vor deiner Therapie in dir gespürt, dass du dazu fähig wärst, jemandem zu schaden. Es fühlte sich für dich eher wie ein Affekt an, wie eine Art Verteidigung, die aber übermäßig und fehl am Platz war.

Das ist es, was viele auch erleben. Sie fühlten sich selbst viele Jahre ohnmächtig und holen sich über die Taten ein Stück Macht in ihr Leben zurück. Es ist ein perfider

Versuch, etwas wieder richtigzustellen. Ja, es gibt auch Täter, die Freude an den Taten empfinden und aus niederen Gründen handeln. Aber auch bei denen gab es eine Vorgeschichte. Und ja, viele hätten eine andere Wahl. Aber nur zum Teil. Es gibt wenig gute Therapien für Pädophile. Die Gesellschaft ist nicht sensibilisiert auf diese Themen.

Und nichts geschieht durch Zufall. Es werden Täter und Opfer auf Schicksalsebene zusammengebracht. Du weißt, was ich meine. Du hattest schon Mordopfer in deinen Sitzungen. Keines dieser Opfer hat dem Täter einen Vorwurf daraus gemacht. Viele sprachen nicht mal vom Täter. Ihnen tat es einzig und allein für die Angehörigen, also ihre Familien, leid, dass sie solche Schmerzen und ein großes Leiden hatten. Das ist so, weil die Seelen wissen, dass sie zum richtigen Zeitpunkt am richtigen Ort waren. Keiner stirbt durch Zufall.

Das macht für euch auf menschlicher Ebene keinen Sinn, das verstehe ich. Aber wenn du bedenkst, dass Sterben nichts Schlimmes ist, dann macht es wieder Sinn. Erinnere dich an den kleinen Jungen letzte Woche im Jenseitskontakt. Er sagte seinen Eltern und auch dir: »Ich war einfach viel schneller als ihr. Ich brauche nicht noch länger auf der Welt irgendwelche Aufgaben erledigen, ich war schneller fertig. Ihr seid immer in allem ein bisschen langsamer.« Und er lachte und schaute auf euch ein bisschen altklug herab. Er hat euch bemitleidet, weil ihr nicht so weit seid wie er. DAS IST DIE REALITÄT!

# Angst – ein spannendes Lernfeld

Ich: Hallo Papa, kannst du mir etwas zum Thema Ängste sagen? Viele Menschen kämpfen täglich mit Angst. Wie kann das sein?

Papa: Grundsätzlich ist Angst ein Gefühl, das uns vor Bedrohung schützen soll. Wenn wir keine Angst hätten, würden wir leicht in gefährliche Situationen kommen. Beim Autofahren, beim Bergsteigen, bei gefährlichen Menschen schützt uns Angst und hilft uns zu überleben.

Aber ... die meisten Ängste sind irrational. Menschen heutzutage haben Ängste, die nicht ihr Überleben sichern, sondern sie vom Leben abhalten.

Ich: Wie entstehen die?

Papa: Oft, da sie kein Urvertrauen als Kind erlernt haben oder Situationen erlebten, wo dieses Vertrauen erschüttert wurde. So hat sich ein Angst-Anteil in ihnen gebildet, der nun überreagiert und ihnen das Leben schwer macht.

Ich: Also, dieser Anteil in ihnen glaubt die ganze Zeit, dass das Leben wirklich bedroht wird?

Papa: Genau. Dieser Anteil, der sich in einer Situation, die wirklich nicht kontrollierbar war, aber lange zurück liegt, denkt, dass diese Situation immer und immer wieder im Jetzt auftritt. Somit hält dieser Anteil den Menschen in dem damaligen Flucht-Reflex-Modus, um nie wieder sich so hilflos und machtlos zu fühlen wie damals.

Ich: Also geht es wieder um die Innere-Kind-Heilung bzw. Innere-Anteil-Heilung?

Papa: Ja, definitiv. Erst einmal geht es um die Annahme dieses Anteils und der Wertschätzung, dass er eigentlich etwas Gutes von einem möchte, nämlich einen beschützen.

Dann um das Schauen, woher der Anteil kommt und welche Situationen es waren, die unkontrollierbar erschienen. Danach erst geht es um die Heilung des Anteils, sodass er einen im Alltag nicht so überrumpelt und man der Angst nicht handlungsunfähig ausgeliefert ist.

Ich: Wodurch entstehen diese Angst-Anteile?

Papa: Das können verschiedene Ursachen sein. Gewalt, Verluste, Unfälle, Situationen die einem Angst machten und in denen einem nicht geholfen wurde ... eins ist immer gleich:

1. Kontrollverlust
2. Nicht Verstehen der Situation
3. Gefühl der Ausweglosigkeit
4. Keine Hilfe/sich allein fühlen
5. Bedrohung (egal ob wirklich vorhanden oder nur gefühlt).

Und grundsätzlich zur Heilung hilft: ansehen, damit arbeiten, in die Tiefe damit gehen, aber im außen eine Trennung herstellen und neue Erfolgserlebnisse herstellen, indem man neue Verhaltensweisen erlernt. Es muss sowohl eine innere tiefe Heilung als auch ein Umlernen der Reaktion erfolgen. Wie eine Neuprogrammierung.

Ich: Angst in diesem Fall ist also nicht real. Gibt es das denn überhaupt auf Seelenebene in der geistigen Welt noch Angst?

Papa: Nein, natürlich überhaupt nicht. Wir haben nie und vor nichts Angst. Wir, als Seelen wissen, dass uns nichts und niemand bedrohen kann, dass wir nichts verlieren können und dass wir immer heil und vollkommen sind.

Ich: Mal eine blöde Frage: Aber warum inkarniert ihr dann? Um Angst zu spüren? Das ist doch Mist.

Papa: Angst aus unserer Sicht ist unglaublich spannend. Wir fühlen uns immer vollständig, immer vollkommen. Angst, wie ihr es spürt und ich früher auch kannte, ist ein unglaubliches Lernfeld. Es hat große Macht. Die Macht, einen völlig zu zerstören und zu lähmen, andere Menschen zu kontrollieren und viel Schmerz in die Welt zu bringen. Kaum ein Gefühl hat so eine große negative Macht wie Angst. Das ist unglaublich interessant.

Dieses Gefühl wurde auf diese Erde geschickt, um Menschen zu verwirren, sie weg von sich selbst zu bringen und den Schatten in ihnen zu nähren. Was ist für dich das Gegenteil von Angst?

Ich: Freiheit, oder vielleicht auch Sicherheit und Geborgensein ...

Papa: Spannend, oder? Vielleicht auch Liebe?

Ich: Ja, vieles glaube ich, kann durch die Abwesenheit von Angst fühlbar sein.

Papa: Siehst du ... was für ein riesiges Potenzial die Bewältigung von Angst in sich trägt. Letztlich geht alles um Entwicklungs- und Erfahrungspotenziale.

Ich: Heißt, man inkarniert nicht, um die Angst zu spüren, sondern um diese zu heilen, zu überwinden und um Liebe, Sicherheit, Freiheit wirklich fühlen zu können?

Papa: Ja genau. Jedes *Mangelthema* existiert auf dieser Welt nur als Potenzial, um das Heilungsthema dazu erfahren zu können.

Ich: Aber wie traurig ist es doch, dass manche Menschen nie aus der Angst herauskommen und in Angst und Unfreiheit sterben, oder?

Papa: Ach Schatz, manchmal ist doch auch das die Heilung. Viele erleben das Potenzial als Heilung auf dieser Welt, manche aber auch in der geistigen Welt. Geheilt wird es doch immer.

Ich: Ach so, für manche ist die Heilung dann also das Sterben?

Papa: Ja, wenn du es so ausdrücken willst. Für die Seelen ist der Zeitpunkt der Heilung nicht so wichtig.

Ich: Aber mal provokant gefragt: Dann könnten wir uns doch einfach alle selbst umbringen und wären doch dann geheilt. Oder? Was macht es für einen Sinn, sich jahrelang abzumühen, um hier seine Themen zu heilen, wenn nach diesem Leben eh alles geheilt ist? Und warum bleibt man nicht gleich in der heilen geistigen Welt, wenn man doch nur Heilung erfahren will?

Papa: Du machst es mir echt nicht leicht. Alles, was du in diesem Leben heilst, ist auch energetisch für dich und andere Seelen in deinem Feld geheilt. Es geht nicht nur um dich, auch wenn du es in dem Moment vielleicht so fühlst. Es geht um so viel mehr. Ich kann dir dazu auch nicht wirklich viel sagen. Aber manchmal kannst du es fühlen, dass es so etwas wie einen kollektiven höheren Sinn gibt. Dass Menschen alle eins sind und dass alles, was du für dich für die Heilung tust, auch einem größeren Zweck dient.

Ich weiß, das willst du aber gar nicht hören, daher kann ich dir besser sagen, dass dein Leiden nie umsonst ist, dass deine Heilung nie umsonst ist. Es geht um etwas Großes dahinter, wovon wir alle – ihr noch auf der Erde und wir auch als Seelen im Jenseits – ein Teil sind.

Ich: Okay, danke, Papa. Ich kann fühlen, was du meinst, auch wenn mein Kopf es nicht verstehen kann.

Papa: Sei gewiss, du wirst es eines Tages verstehen. Aber es macht im Augenblick keinen Sinn, es zu verstehen, da ihr euch noch im Gefühl der Trennung befindet, was für den Moment auch sinnvoll ist.

Ich: Aber genau dieses Gefühl der Trennung schafft doch auch Leiden.

Papa: Ja, aber es ist nicht Ziel, den großen Sinn in der Gänze zu durchschauen, weil ihr Menschen mit eurem Ego euch selbst dann zu wichtig oder zu unwichtig empfinden würdet.

Es ist wichtig, euch selbst im Moment mit eurem Ego und dennoch mit eurer heilen Seele in dieser Welt definieren zu wollen, das lässt euch weitermachen und dient im Augenblick auch dem kollektiven Zweck.

Ich: Was hilft denn konkret im Moment der Angst?

Papa: Als Erstes muss man verstehen, dass dieses Leben wirklich nicht kontrollierbar ist und dass dies gut so ist. Kontrolle ist eine Illusion. Dinge passieren, Menschen sterben, das ist der Kreislauf dieser Welt.

Als Zweites darf man sich mit dem verloren gegangenen Urvertrauen des inneren Kindes auseinandersetzen und das innere Kind heilen. Und man darf sich mit seinem Glauben auseinandersetzen, was den eigenen Lebensplan, das Universum, die geistige Welt betrifft. Menschen, die in ihrem Glauben verwurzelt sind, dass es einen höheren Sinn hinter allem gibt, haben viel seltener Ängste.

Und dann darf man lernen, sich selbst, seinem Leben, dem Universum wieder Vertrauen zu schenken, sich freudig dem Fluss des Lebens hinzugeben und Freude am Unkontrollierbarem zu haben.

# Angst erkennen und abgeben

*»Leben, was machst du gerade mit mir?«*
Meine Frage war, wie ich diese liebevolle – in mir friedliche – Energie nach den Retreats halten kann.

*Jetzt schickst du mir Liebe, Nähe, Ich-sein, aber auch Chaos im außen und innen. Kann sich das noch mal ordnen? Und wenn ja, wie?*

*Ich habe Vertrauen, dass es richtig ist, dass alles Sinn machen wird. Geduld ist nicht meine Stärke. Du zeigst mir das gerade deutlich und ich darf es durch dich leben, geliebtes Leben.*

*Bin ich bereit, noch mal zu sterben? Das hast du mich schon öfters gefragt und ich habe immer mit Nein geantwortet. Ich glaube, es hat sich etwas verändert und wenn du mich das nächste Mal fragst, werde ich Ja sagen. Ich bin bereit. Ich bin bereit, loszulassen, was mir Sicherheit gibt, was ich mir aufgebaut habe, mit dem ich mich so viele Jahre identifizierte. Was ist schon real?*

*Du hast mir dieses Jahr meine Realität mehrfach auf den Kopf gestellt. Ich habe dagegen angekämpft und was ist geblieben? Angst. Tiefe Angst. Aber weißt du was: Ich bin nicht mehr bereit, Angst zu haben. Die Angst war so viele Jahre ein großer Teil von mir. Ich bin es leid. Ich habe keine Angst mehr vor dem, was du mir zeigst oder nimmst. Ich weiß, dieses Leben meint es gut mit mir. Ich bin ein Glückskind. Und in meinem Leben ist kein Platz mehr für die Angst.*

*Wenn alles zerfällt, ordnen sich die Puzzleteile neu. So will es das Gesetz. So willst du es, Leben.*

*Es ist nicht mutig, das Leben zu kontrollieren, es ist feige. Denn das Leben lässt sich nicht kontrollieren. Es hat seinen eigenen Plan, seinen eigenen Rhythmus. Werfe dich mit Anlauf in die Fluten des Lebens und beobachte, wo dich der Strom hintreibt. Halte dich nicht fest, denn du wirst getragen. Und nur, wenn du beide Hände frei hast, wirst du den Halt spüren.*

Ich habe früher viele Ängste gehabt. Mir persönlich hat es sehr geholfen, mich mit meinem Glauben und meiner Spiritualität auseinanderzusetzen. Als ich wirklich von Herzen davon überzeugt war, dass alles im Leben einen höheren Sinn hat, konnte ich viele Ängste loslassen. Als ich in vielen Meditationen und Übungen merkte, dass ich IMMER von der geistigen Welt (meinem Geistführer und meinen Verstorbenen) begleitet bin, verlor ich die Angst vor Kontrollverlust oder meine tiefste Angst vor dem Sterben.

Ich hatte nie Angst vor dem Tod, da ich ihn durch mein Nahtoderlebnis und die tägliche Arbeit mit den Verstorbenen schon immer als ein ›nach Hause zurückkehren‹ empfand, aber mir wurde schmerzhaft bewusst, dass ich Angst vor dem Sterben habe. Und Angst vor dem Sterben bedeutet immer auch, Angst nicht (genug) gelebt zu haben, noch nicht *fertig* zu sein, nicht loslassen zu können. Als ich begriff, dass keine Angst real ist, sondern immer eine Illusion, konnte ich meine Ängste an die geistige Welt abgeben und im Vertrauen sein, dass immer und auf allen Ebenen gut für mich gesorgt wird.

## Sucht versus Ehrlichkeit

Ich: Papa, was kannst du mir aus der geistigen Welt zum Thema Sucht sagen?

Papa: Du hast mal gesagt: »Sucht ist die Suche der Seele nach Sinn«. Das kann ich teilweise unterschreiben. Sucht ist immer eine Suche oder eine Flucht. Die Seele, das weißt du ja inzwischen, ist immer vollkommen und heil, aber du meinst wahrscheinlich damit die unbewussten Strukturen, die nicht geheilten Aspekte des Seins.

Wir haben schon über Trauma gesprochen. Trauma ist oft etwas, das zur Sucht führt, wenn es nicht geheilt wird. Auch ungelebte Wünsche und Bedürfnisse tun das. Alles, was verdrängt wird, sucht sich seinen Weg ans Licht. Wenn das nicht gewünscht ist, wird mit allen Mitteln versucht, diese entweder alten ungeheilten Themen oder Selbstverwirklichungswünsche unter dem Deckel zu halten.

Das funktioniert eine Weile ganz gut mit einem Suchtmittel. Mit Alkohol, Drogen, Essen oder anderen Dingen, die im ersten Schritt oft nicht nur schädlich sind, sondern – bewusst eingesetzt – oft auch nützlich sein können, wird aber, wenn man es als Mittel zum Unterdrücken einsetzt, ein schlimmer Kreislauf losgetreten. Aus dem mal abends zum Abschalten ein Bier zu trinken, kann, wenn das Abschalten nicht mehr anders herbeigeführt werden kann, ein ständiges Trinken werden. Die Anstrengung, Themen wegzudrängen oder einen Zustand einzunehmen, in dem man sich besser fühlt, wird immer größer und Stück für Stück gerät man in Abhängigkeit von dem Mittel.

Der einzige Weg, den Kreislauf zu durchbrechen, ist zu erkennen, dass kein Mittel, kein Mensch und keine Substanz dir das geben kann, wonach du dich wirklich sehnst. Sucht ist immer Illusion. Daher verstricken sich Süchtige auch häufig in Lügengebilden sich selbst und anderen gegenüber, da sie ihre Illusion aufrechterhalten wollen, die andere – Nicht-Süchtige – längst durchschaut haben. Gnadenlose Ehrlichkeit ist der erste Schlüssel zur Heilung.

Hilfe annehmen, auf den Grund des eigenen Schmerzes tauchen, den Sucht-Anteil als eigenen selbstzerstörerischen Anteil erkennen und verstehen lernen, was er möchte und die Gefahr nicht unterschätzen, dass ein Süchtiger auch ohne Suchtmittel noch die Strukturen in sich trägt, sind weitere Schritte. Auch das ist ein langer Heilungsprozess, aber jeder Schritt lohnt sich.

# Eifersucht und zwischenmenschliche Themen

Ich: Warum tun sich Menschen so schwer in Beziehungen? Welcher Sinn steckt dahinter?

Papa: Menschen sind soziale Wesen und erkennen sich selbst in ihrem Getrenntsein und ihrer eigentlichen Vollständigkeit am stärksten im Kontakt mit anderen Menschen. Nichts lehrt einen so viel wie Beziehungen.

Ich: Warum gibt es dann dort so viele Probleme?

Papa: Genau deshalb. Wenn man durch den Tunnel des Vergessens auf diese Welt kommt, erinnert man sich nicht mehr daran, dass man als Seele vollständig ist. Man verliert sozusagen einen Anteil von sich selbst und sitzt der Illusion auf, dass man nicht vollständig wäre. Dann sucht man nach Erfüllung. Und gerade bei der Liebe fühlen sich viele Menschen durch den Spiegel des anderen Menschen das erste Mal seit langem wieder vollständig. Es ist als würde die andere Person einen wieder vervollständigen.

Ich: Warum ist das eine Illusion?

Papa: Weil kein anderer Mensch einen vollständig sein lassen kann. Er zeigt dir nur ein Potenzial von dir selbst, das du vergessen hast. Im Kontakt mit diesem Menschen fühlst du deine eigene Vollständigkeit. Wenn dieses Gefühl nicht bereits in dir wäre, könntest du es nicht wahrnehmen. Es war immer da! Du hast es nur vergessen oder bist der Illusion aufgesessen, dass es dir jemand anderes geben könnte. Das ist das größte Problem daran. Man gibt sein Glück an eine andere Person ab und macht sich abhängig von dieser.

Ich: Gibt es deshalb so viele Ehedramen und Eifersucht?

Papa: Ja. Weil man glaubt, jemand anderes könnte einem etwas wegnehmen. Das ist aber nicht so. Zum einen gehört dir die andere Person nie. Du hast keinen Anspruch auf die Gefühle oder den Körper einer anderen Person. Zum anderen kann dir niemand etwas von dem nehmen, was du in dir trägst.

Ich: Aber ist es nicht viel schöner, die Liebe zu einer anderen Person zu fühlen? Ist es nicht wirklich ein Stück wie ›nach Hause kommen‹?

Papa: Natürlich sind Seelenverbindungen und erfüllte Liebe wundervoll. Aber viele vergessen, dass wir eh alle auf Seelenebene miteinander verbunden sind. Es ist NIE eine Seele allein und verlassen. Das ist eine Illusion. Die Liebe ist überall und allgegenwärtig. Sie in Verbindung mit einem anderen als Zusatz zu fühlen, darf eine Ergänzung, ein Sahnehäubchen sein. Es sollte aber niemals der Lebenssinn sein.

## Partnerschaft als Spiegel

Beziehungsfelder, egal ob in Partnerschaften oder Familienstrukturen, sind die besten Trigger- und Spiegelfelder. Sobald wir in Verbindung sind mit Menschen, die uns nah stehen, werden uns unsere Themen gespiegelt. Ungeheiltes, Verdrängtes oder Potenziale, die man noch nicht lebt, werden durch Partner oder Familienmitglieder gespiegelt.

Manchmal triggern einen kleine Themen oder Aussagen, damit man etwas bei sich selbst erkennt. Oder man fühlt sich unglaublich geborgen, als hätte man einen verlorenen Seelenteil durch den Partner wiedergefunden. Das alles sind Aspekte in dir selbst, die dir durch jemand anderen gezeigt werden. So kommt es auch oft vor, dass man, wenn man innere Anteile oder Aspekte heilt und erkennt, plötzlich merkt, dass man sich zu jemandem nicht mehr hingezogen fühlt oder sich nicht mehr versteht. Die Aufgabe des Erkennens im Anderen hat sich erfüllt und daher löst sich auf Seelenebene die Verbindung wieder. So kann es im Laufe eines Lebens viele Seelenpartner geben und unsere Aufgabe ist es, uns nicht von einer Verbindung abhängig zu machen, wenn sie sich nicht mehr stimmig für uns anfühlt. Hier hilft es, zu beobachten:

Auf welche Themen springst du immer wieder an? Was macht dich wütend oder traurig daran? Woher (zum Bespiel aus deiner Kindheit) kennst du das Thema schon? Was will es dir auf Seelenebene sagen? Und dann löst du das Thema von deiner Partnerschaft, indem du dich mit dir und dem Heilungsaspekt darin auseinandersetzt. Und oft wird sich das Thema dann auch im Feld auflösen und es kommt automatisch nicht mehr zu Missverständnissen oder Konflikten oder du kannst in den Situationen bei dir bleiben und es nicht persönlich nehmen.

# Wut als Transformations- energie

Wut als Emotion ist erstmal nichts Schlechtes. Was du damit machst, ist allerdings entscheidend.

Ich dachte lange, ich habe mit Wut kein Thema, da ich nie Wut empfand. Ich hatte meinen Tätern vergeben und empfand selten Wut, da ich immer in der Aura der Menschen ihre Themen sah und daraufhin ihr Verhalten verstand.

2017 waren wir im Sommer auf Bali und haben auch einen Heiler besucht. Er gab mir als Hausaufgabe mit, 30 Tage Vergebungsarbeit zu machen. Ich sollte 10 Minuten am Tag folgende Sätze sagen und immer einmal zwischen jedem Satz bewusst atmen:

Ich vergebe allen Menschen.
Ich vergebe dem Universum.
Ich vergebe mir selbst.

Ich bitte alle Menschen um Vergebung.
Ich bitte das Universum um Vergebung.
Ich bitte mich selbst um Vergebung.

Ich zog es 30 Tage lang durch, auch wenn ich mir in den ersten Tagen blöd vorkam. Ungefähr nach zwei Wochen veränderte sich aber etwas. Ich hatte, wie erwartet, kein Problem damit, anderen Menschen oder mir selbst zu vergeben. Aber ich hatte ein Problem damit, dem Universum zu vergeben. Ich spürte, dass ich seit Jahren wütend auf mein Schicksal war. Ich wusste zwar, dass ich es mir auf Seelenebene vor dieser Inkarnation ausgesucht hatte, aber ich war wütend darüber, dass es ein Universum, einen Gott oder wie man es auch nennen mag, gab, der so viel Schmerz in meinem Leben zugelassen hatte.

So zeigte die Wut in mir eine Schieflage auf. Ich fühlte mich als Opfer der Umstände. Wut ist immer eine Aktionsenergie. Sie möchte etwas verändern. Drücken wir sie nicht konstruktiv aus oder schlucken sie herunter, wendet sie sich in uns gegen uns selbst. So können Depressionen oft unterdrückte (und gegen sich selbst gerichtete) Aggressionen sein.

Andererseits, wenn wir die Wut nach außen richten und gegen andere verwenden, spüren wir auch selten eine Befriedigung, da Wut uns immer etwas über uns selbst und unser Leben sagen will. Wenn wir sie aggressiv gegen andere verwenden, ist die Wut in uns dennoch oft nicht verschwunden, da uns kein anderer im außen unseren inneren Frieden bringen kann.

Mir hat es geholfen zu erkennen, dass die Wut immer etwas Gutes von mir will. Sie zeigt mir, wo ich andere habe über meine Grenzen gehen lassen, wo ich nicht offen zu meinen Gefühlen gestanden habe, wo ich mich machtlos und als Opfer fühle oder wo mein inneres Kind noch leidet. Man kann mit der eigenen Wut genauso innere Dialoge führen wie mit jedem anderen inneren Anteil und erkennt darin das Heilungs- und Schöpfungspotenzial für sein Leben.

# Krise als Geschenk

Die Krise ist ein Geschenk, sagt man doch. Aber jede Krise ist erstmal echt scheiße und man fragt sich, wie man nun wieder da hinein rutschen konnte und was man daraus lernen soll.

Diese Krise zur Zeit (Februar 2020) ist für mich besonders. Ich hatte schon so viele Krisen und entweder war der Grund, dass ich einen Teil in mir nicht sehen konnte oder wollte – oder weil ich etwas verändern musste, damit es sich wieder richtig anfühlte.

Meine erste Krise war mit 13 Jahren. Ein Lehrer meiner Schule nutzte sein Vertrauensverhältnis aus und näherte sich mir. Alles in mir sagte mir, dass es nicht richtig war, wie es lief und doch sah ich keine Lösung. Ich genoss seine Aufmerksamkeit. Ich war zu jung, um zu erkennen, dass dahinter mein innerer Mangel nach Liebe und gesehen werden steckte und dass der Lehrer mein Opferthema spürte und ausnutzte.

Mein innerer Konflikt führte sehr schnell zu meinen ersten Depressionen, meiner ersten Krise. Danach kamen immer wieder Krisen mit Alkoholmissbrauch, ungesunden Beziehungen und Essstörungen, weil meine verdrängten Kindheitstraumata in mir arbeiteten und Aufmerksamkeit von mir forderten. Sie brachten mich dazu, mich mit 17 Jahren in eine psychosomatische Klinik einzuweisen, in der ich das erste Mal Selbstheilungsmethoden erlernte und mich mit dem Wert der Symptome auseinandersetzte.

Nach der Geburt meines ersten Sohnes erkannte ich, dass es für meine Gefühle, die mich im Kampf mit meinem eigenen Leben hielten, einen Ursprung, einen Grund gab. Meine Seele wollte, dass der Missbrauch aus meiner Kindheit endlich ans Licht kam.

Danach hatten Krisen eine andere Energie. Die erste Krise im neuen Leben war der Wunsch nach einem Zuhause, der meinen Mann und mich dazu brachte uns auf die Suche zu machen und ein Haus zu kaufen. Rückblickend genau im richtigen Moment, denn nach den Renovierungsarbeiten erkrankte mein Vater an Krebs und die nächsten Jahre waren von Sorgen um ihn und meine Familie erfüllt.

Zwischenzeitlich hatte ich eine weitere kleine Krise, als ich noch in der Werbung gearbeitet habe. Mein Seelenplan drängte mich dazu, mir eine andere Arbeit bzw. Ausbildung zu suchen. Ich studierte Psychologie, machte eine Heilpraktiker-Ausbildung, dann eine energetische Heiler-Ausbildung und landete schließlich bei Pascal Voggenhuber in der Ausbildung zum Medium. Definitiv hätte ich das alles nie gemacht, wenn ich nicht immer erst eine Krise in der jeweiligen bestehenden Situation empfunden hätte. Auch der Tod meines Vaters war ein Punkt in meinem Leben, den ich rückblickend als Krisengeschenk sehen kann und in der mein Buch *Talking to Heaven* entstanden ist, um meinen Schmerz zu verarbeiten.

Die jetzige Krise begann ziemlich genau vor einem Jahr im Sommer 2019. Mein Mann und ich waren im Sommerurlaub in der Türkei, und ich wollte mich unbedingt erholen und entspannen. Wir hatten gerade mein Elternhaus verkauft und die letzten Bande zu meiner alten Heimat gekappt. Das alles war energetisch sehr aufwühlend gewesen und ich wollte etwas zur Ruhe kommen. Die Kinder waren nur am Motzen und es war viel zu heiß, um irgendetwas zu unternehmen. Wir versuchten, es uns dennoch gut gehen zu lassen und fuhren abends zum Shopping und essen gehen nach Side.

Wir entdeckten ein kleines Lokal mit Live Musik direkt am Hafen. Sie spielten wunderschöne Oldies und in vielen Songs spürte ich meinen Vater und die geistige Welt sehr präsent. In der Band spielte eine Frau am Schlagzeug, die in der Musik völlig aufzugehen schien. Sie symbolisierte für mich Kraft, Leichtigkeit, Lebensfreude und oft standen mir die Tränen in den Augen, wenn ich ihr beim Spielen zusah.

»Ich möchte auch wieder Schlagzeug spielen«, sagte ich zu meinem Mann. Ich spürte, dass noch so viel Lebensfreude in mir steckt, die ich nicht lebe und ich bekam eine ungeheure Sehnsucht nach mir selbst, nach dem Ausdruck meiner Seele. Ich weiß nicht, ob du weißt, was ich meine. Aber es ist ein sehr spezielles Gefühl, das fast weh tut.

Ein paar Tage später bekamen wir die Nachricht, dass der junge Hund Ecko meiner Schwester in Mexiko in einem Wasserfall bei einer Wanderung abgestürzt und gestorben war. Ecko war ein wundervoller Hund, neugierig, verspielt und von Herzen gut; meine Schwester hatte ihn auf der Straße gefunden und aufgenommen. Ich hatte drei Monate vorher meine Schwester in Mexiko besucht und ihn kennenlernen dürfen. Er war mir direkt auf Seelenebene sehr nah und die Nachricht seines plötzlichen grausamen Todes traf mich mitten ins Herz.

Ich weinte die halbe Nacht lang und merkte, dass sein Tod etwas in mir veränderte. Ich war (außer in Jenseitskontakten für Klienten) noch nie mit einem plötzlichen, unvorbereiteten Todesfall konfrontiert gewesen. Der Gedanke, dass alles innerhalb einer Sekunde vorbei sein kann, ließ mich nicht mehr los. Von Wein und Tränen schwindelig im Kopf, sagte ich in dieser Nacht zu meinem Mann: »Wenn alles so schnell vorbei sein kann, dann will ich nicht meine Zeit in Astheim, auf dem Dorf vertrödeln, dann will ich am Meer leben, auf Mallorca oder Ibiza oder sonst wo am Meer.«

Ja, das Thema ›am Meer leben wollen‹ hat eine lange Tradition in unserer Familie. Ich habe mir schon als Kind mehrere Häuser ansehen müssen, da mein Vater mehrmals kurz davor war, ein Haus im Süden zu kaufen. Ich weiß nicht, warum er es nie gemacht hat. Vielleicht, weil das passende gefehlt hat, vielleicht weil meine Mutter sich nicht überreden ließ. Aber immer, wenn das Lied von S.T.S mit dem Titel *Irgendwann bleib i dann dort* kam, in dem es darum geht, dass man nach Griechenland auswandern möchte, drehte er die Musik voll auf und sang lautstark mit. Diese unglaubliche Sehnsucht danach, auszusteigen und am Meer zu leben, spürte ich schon als kleines Kind bei meinen Eltern und trage ich immer noch in mir.

Nach dem Türkeiurlaub war das Erlebnis erstmal wieder vergessen und wir gingen unserem Alltag nach. Bis ich im November plötzlich ohne Vorwarnung von einem auf den anderen Tag starke Depressionen bekam. Es war, als legte sich ein dunkler Schleier vor mein Gesicht. Ich hatte an nichts mehr Freude, alles war plötzlich zu anstrengend und ich konnte mich kaum aufraffen, irgendetwas zu tun. Ich spürte wieder Schmerzzustände in Händen und Gelenken und meine Haut reagierte mit Juckreiz und Rötung. Ich kenne diese Zustände von früher gut und weiß daher, damit umzugehen. Ich nahm mir Zeit für mich und meditierte mit der geistigen Welt.

Ich bekam Bilder geschickt von dem, was ich die letzten 35 Jahre geleistet hatte. Ich listete alles auf und merkte, wie stolz ich auf mich war, was ich alles geschafft hatte. Die geistige Welt zeigte mir, dass ich erschöpft sein darf und mich aber auch darüber freuen kann, so viel geschafft zu haben. Ich habe viel geschlafen, habe meine Terminvergabe neu organisiert, mir mehr Ruhepausen eingeplant und manches abgegeben. Ich dachte, das sei der Lernimpuls der Depression. Und wirklich, es ging mir sofort besser, die Depressionen verschwanden genauso plötzlich, wie sie gekommen waren wieder und die nächsten Wochen ging es mir besser.

Bis im Februar 2020 dasselbe wieder anfing. Ich spürte eine unglaubliche Schwere in mir, ein Gefühl, flüchten zu wollen – und eine tiefe Leere. Ich spürte, dass meine Seele mir etwas sagen wollte.

Wenn ich mit dem Auto unterwegs war, sah ich immer Bilder vor meinem inneren Auge, wie ich die Kurve nicht kriegte und mich überschlug und im Krankenhaus im Koma lag. Ich hatte das Gefühl, dass ich Einblicke in eine potenzielle Zukunft bekam, die ich aber noch verhindern konnte. Es fühlte sich anders an, als andere Vorhersage-Bilder, die ich früher öfters hatte. Da *wusste* ich einfach Dinge, die in der Zukunft feststanden, ohne dass ich Einfluss darauf nehmen konnte.

Hier war es anders. Ich wusste, ich musste es ernst nehmen und etwas in meinem Leben verändern.

So buchte ich mir für Ende der Woche spontan einen Flug nach Ibiza, da ich immer wieder Bilder vom Meer in meinem Kopf sah, sobald ich zu der Frage meditierte, was ich ändern könne. Als ich auf Ibiza ankam, schrieb ich:

*»Bitte vergiss nie das Gefühl der Promenade in Santa Eulària oder auf dem Markt in San Joan. Einfach ruhig im Geist, ohne Eile, ohne Zwang, ohne wollen, ohne Angst. Einfach im Frieden mit mir selbst. Beobachtend, alles darf da sein. Alles hat Sinn. Ich bin verbunden mit meiner tiefsten Wahrheit, mit meiner Intuition und mit dem Universum. Pur.*

*Erinnere dich bitte immer an das Gefühl, wie du mit dem Auto allein über die Insel gefahren bist. Diese unglaubliche Freiheit und Leichtigkeit und dennoch so getragen und geborgen, wie schon lange nicht mehr. Meinen Rhythmus wieder spüren. Meinen grundeigenen Rhythmus.*

*Eine Vision, die noch verwirklicht werden will: Eine Steinfinca mit hellen Möbeln, eingezäunt für die Hunde. Auf einem Berg. Den Sonnenaufgang sehen. Draußen auf der Terrasse sitzen. Barfuß laufen. Hippiekleider tragen. Ich sein. Seminare auf einer Event-Finca. Abends an der Promenade sitzen – Freunde und Fremde treffen. Nichts tun. Genießen. Alle Antworten auf alle deine Fragen liegen bereits in dir.«*

Und dann kam Corona. Meine Planung, mir allmählich auf Ibiza etwas parallel zu Deutschland aufzubauen, kam zum Erliegen und alle Versuche, in diese Richtung weiterzumachen, wurden blockiert. Die Hundesitterin sagte uns kurzfristig ab, sodass wir auch im Sommer nicht fliegen konnten. Alles fühlte sich nicht mehr leicht und stimmig an und ich bekam das Gefühl, dass die geistige Welt mir zeigen wollte, dass noch etwas in mir steckte, was verwirklicht werden soll, dass aber jetzt nicht der richtige Zeitpunkt und Ibiza nicht das Richtige wäre.

Es ist jetzt Ende Juli, die Sommerferien neigen sich dem Ende zu. Ich habe mir bewusst weniger Termine in die Ferien gelegt, sodass ich Zeit zum Genießen und Fühlen habe. Aber ich spüre nichts, ich erhole mich nicht, im Gegenteil. Je mehr Zeit ich habe, umso schlechter geht es mir. Ich fühle mich gefangen. Mein inneres Drama wird auch durch die Corona-Maßnahmen, und da kein Ende in Sicht ist, noch verschlimmert. Aber es ist nicht nur das. Es ist das Gefühl: Das Alte fühlt sich nicht mehr stimmig an, das Neue ist noch nicht da. Ich hasse solche Zeiten, in denen man sich weder Fisch noch Fleisch fühlt.

Im Aushalten von solchen Situationen bin ich schlecht. Ich habe das Gefühl, dass ich nichts verändern kann, da ich an diesen Ort hier aufgrund von Kids, kranker Mutter, Haus, Katze, Hunde, Job ... gebunden bin und es fühlt sich nicht mehr gut an. Ich glaube, tief im Herzen war ich nie ein Dorfkind. Was mache ich nur auf diesem Kaff hier? Versauern?

Mir waren viele Menschen oft zu viel. Aber eigentlich nur, wenn sie etwas von mir erwarteten. Wir waren letzte Woche ein Wochenende in Amsterdam. Es war traumhaft. So viele Menschen. Wir saßen einfach im Café über Stunden und haben uns nur die Menschen angesehen. Ich liebe es, unter Menschen zu sein, ohne etwas tun zu müssen. Ich fühlte mich seit langem mal wieder wie ich selbst. Ich war neugierig auf die Stadt. Wir entdeckten ohne Plan viele tolle Lädchen, hatten nette Begegnungen, tolles Essen, schöne Erlebnisse, indem wir uns einfach von unserer Intuition leiten ließen und es fühlte sich alles so leicht an.

Ich glaube, meine große Sehnsucht ist, dass es sich leicht anfühlen soll. Ich bin eine Findende, wenn ich der Leichtigkeit folge. Das habe ich mir nach Amsterdam zum Ziel gesetzt. Genau diesem Gefühl in meinem Leben zu folgen und alles zu eliminieren, was sich nicht so leicht anfühlt ...

Weißt du, was das Gute an Depressionen ist? Dass sie dir deine Potenziale zeigen. Weißt du, was das Gute an Potenzialen ist? Dass du nicht wissen musst, wie du sie verwirklichen sollst.

Es reicht, wenn du dich auf die Suche machst nach dem, wie du dich fühlen möchtest. Ich wusste nicht, was ich beruflich machen wollte, als ich meinen Beruf in der Werbung gekündigt habe. Ich wusste nur, dass ich mich, so wie ich mich zum Schluss dort gefühlt habe, nicht mehr fühlen wollte. Ich wollte mir meine Zeit mehr selbst einteilen und mich freier fühlen. Heute fühle ich mich mit der Art zu arbeiten, – der Mischung aus Terminen, Seminaren, Arbeit am Laptop, Schreiben, Organisieren und Lehren – richtig und angekommen.

Auch mein Ziel, eine Familie zu haben, war nicht planbar. Die geistige Welt hat mir zu ihrem Zeitpunkt meine Kinder, meinen Mann und das Haus geschickt. Auch meine Liebe zu

Tieren und zum Tierschutz hat das Schicksal verwirklicht, indem ich genau zum richtigen Zeitpunkt einen Drang in mir spürte, der mich nachts nicht schlafen ließ. Ich bin auf die Suche gegangen und bin auf meine zwei wundervollen Seelenhunde zum genau richtigen Zeitpunkt gestoßen.

Und jetzt, seit einem Jahr, fühlt sich dieser Ort nicht mehr stimmig an. Vor zwei Jahren erst habe ich unter großen Anstrengungen meine kranke Mutter hier zu uns in dieses Dorf gebracht und jetzt? Jetzt will ich weg. Doch jetzt geht es eben nicht nur um mich hier. Ich kann nicht einfach alles stehen und liegen lassen und gehen.

Bisher kam die Krise immer in dem Moment, in dem ich durch die Krise die Kraft haben sollte, etwas zu verändern. Dann war aber auch innerhalb kurzer Zeit der Impuls da, was genau bzw. ich konnte es auch immer verändern. Jetzt ist die Krise schon seit einem Jahr präsent, aber ich sehe nichts, was sich wirklich ändern lässt. Ich weiß nur, dass Warten mich krank macht.

Ich nehme dich jetzt mit auf diese Reise, um zu finden, was ich brauche. Und erzähle dir in der Zeit vielleicht noch ein paar andere Anekdoten übers Finden und Entdecken.

Die Ängste – Angst zu versagen, Angst Fehler zu machen, Angst nicht gut genug zu sein – haben mich jahrelang in Grenzen gesetzt. Auf Ibiza bin ich ihnen ein Stück auf den Grund gegangen: Mein Körper ist unter Dauerstress. Der Stress ist nicht wie bei manch anderen Menschen gedankenbasiert, sondern Folge meiner Vergangenheit und den Traumata, die ich erlebt habe. Ein Basiszustand meines Körpers, meines Nervensystems. Meine Ängste sind da, egal was ich alles schon gemacht habe. Ich muss schauen, wie ich MIT diesen Bedürfnissen am besten leben kann und nicht immer versuchen, daran herumzudoktern.

Meine Trauer, meine Melancholie ist ein Teil von mir. Er macht mich kreativ, er lässt mich weitermachen. Ich muss lernen, ihm einen Platz und Raum in meinem Leben zu geben wie ein Dichter oder Maler. Ich muss die richtige Umgebung, die richtigen Konditionen schaffen, um mit dem, was ist, gut leben zu können. Durch das ständige Kämpfen, auch durchs jahrelange Aufarbeiten, Therapieren und Verarbeiten war ich gewohnt, mich nicht mit dem Zustand zufrieden zu geben. Aber das kostet ab einem gewissen Punkt zu viel Kraft. Und so nahm ich die Situation mit meinen Ängsten und Beschwerden an. Ich schrieb im Café in Santa Eulària am Strand:

*»Hier fühle ich mich lebendig. Ich möchte mich wieder berühren lassen wollen. Vielleicht ist berührt werden das einzige Mittel gegen die Angst?! Ich habe heute so viel Sonne abbekommen, dass meine Seele überläuft vor lauter Licht. Genau hier und jetzt bin ich im Frieden mit mir selbst. Einmal Zeit anhalten, bitte! Ich wünschte, meine Seele könnte das hier abspeichern und immer wieder abrufen.«*

Ich hatte mir meine Ängste in vielen Meditationen und therapeutischen Sitzungen angesehen. Ich wusste genau, woher sie kamen und wovor sie mich schützen wollten und doch waren sie (wenn auch der Rest verarbeitet war) auf Zellebene noch sehr präsent.

Eine Sitzung veränderte aber noch mal einen großen Punkt. In der Meditation war ich 8 Jahre alt und ich hatte Angst. Ich sah ein Mädchen mit schwarzen Klamotten auf einem großen Baum sitzen. Und ein Mädchen mit pinkfarbenem Rock unten tanzen. Das Mädchen auf dem Baum hatte den Überblick, aber auch die Verantwortung, dass alles gut ist. Das Mädchen unten interessierte das alles nicht. Sie tanzte und lachte. Das Mädchen auf dem Baum war ernst und etwas besorgt. Ich fragte sie, was sie denn brauche, um herunter zu klettern und das andere Mädchen zu treffen. Sie meinte: »eine Alarmleuchte, die aufpasst.« Und ich gab ihr eine große, rote Alarmlampe, die auf alles aufpasste und sie entlastete. Sie hatte das Gefühl gehabt, immer für alles verantwortlich zu sein und immer auf der Hut sein zu müssen.

Ich spürte eine große Erleichterung in mir, als das kleine Mädchen vom Baum herunterkletterte. Sie setzte sich mit dem anderen Mädchen auf den Boden und beide spürten, dass sie sich ähnlicher waren, als sie gedacht hätten. Das eine Mädchen war wirklich ein typisches Mädchen, es lachte, tanzte, sang und liebte rosa Anziehsachen. Es war die Unschuld in Person. Und es war heil. Es konnte gar nicht verletzt werden. Es symbolisierte meine Seelennatur.

Das andere Mädchen war ich, als ich 8 Jahre alt war. Ein anderer Anteil von mir. Als ich beide wieder zusammenbrachte und sie spielen sah, sah ich, dass auch die 8-Jährige im Herzen ein lustiges, kreatives Kind war, das einfach zu viel Verantwortung und Angst trug. Durch das Anbringen der Alarmleuchte am Baum war das Kind in Sicherheit. Ich fragte sie, ob sie denn ihre schwarze Kleidung ausziehen wolle und etwas Farbenfroheres anziehen möchte. Da sagte sie: »Nein, ich trage die Vergangenheit. Sie ist da. Sie geht nicht weg. Aber das ist okay so. Sie stört mich nicht mehr.«

Ich weiß nicht, ob du verstehst, was hier geschehen ist. Ein Teil in mir trug seit damals die Verantwortung, aufzupassen. Ich habe unbewusst nach der Gewalt, die mir angetan wurde, die Verantwortung für die ganze Familie und dafür, dass dies nie wieder geschieht, auf mich genommen. Dieses kleine Mädchen in mir wurde nun in Situationen, die für es irgendwie bedrohlich schienen, sehr laut und machte Terror.

Dadurch fühlte ich mich auch im Erwachsenenalter oft bedroht. In Situationen, in denen ich nicht kontrollieren konnte, die mit fremden Menschen zu tun hatten oder in denen ich Angst hatte, etwas falsch zu machen, bekam ich Ängste, die nicht denen von Erwachsenen entsprachen, sondern Kinderängste und übertriebene innere Panik waren. Als ich mir aber in unserer Realität eine Alarmleuchte als Bild aus dem Internet ausdruckte und sie bei mir in die Praxis hängte, half das dem inneren Anteil zu verstehen, dass ich keine Angst haben muss.

Mit kleinen einfachen Mitteln können wir dieser inneren Not Ausdruck verleihen und Lösungen finden, die wir als Erwachsene nicht erwartet hätten, die aber auf energetischer Ebene funktionieren.

Papa: Alle Antworten sind bereits in dir. Aber manchmal braucht man einfach gewisse äußere Umstände und

Herausforderungen, um dranzukommen. Man muss über Grenzen gehen und die eigenen Sicherheitsmuster durchbrechen, um in der Freiheit klar sehen zu können. Um fühlen zu können, worum es wirklich im Leben geht und um vor allem zu sich selbst zurück zu finden, nachdem man sich so oft verloren hat. Darum geht es, wenn Menschen davon sprechen »Anteile von sich selbst zurückzuholen«. Es ist ein Puzzle und manchmal muss man weggehen, um ein Teil wieder zu finden und um sich endlich wieder vollständig zu fühlen.

Hab Vertrauen, dass du nicht noch mehr verlieren wirst. Vertraue, dass man manchmal loslassen muss, um das wahre Glück zu finden oder wieder zu entdecken. Darum geht es, wenn du ein wahrhaft erfülltes Leben leben willst. Und manchmal führt dich dieser Weg auch zurück in deine Vergangenheit, da du Teile von dir dort zurückgelassen hast. Manchmal darf man auch diese wieder einsammeln. Sie dürfen sich dann in dir neu ordnen und einen festen Platz bekommen.

Du brauchst keine Angst zu haben, dass du Schritte rückwärts gehst, auch wenn es sich kurz so anfühlen mag. Du bist viel weiter als damals. Es wird anders sein, da du anders bist. Du bist jetzt frei von den alten Traumata und Ängsten, daher bist du jetzt bereit, zurück zu reisen und dein Gepäck zu packen mit den alten, guten Dingen, die darauf warten, in dein neues Leben mitgenommen zu werden.

Das alles ist nicht zufällig. Und weißt du, Seelenverbindungen werden auf anderen Ebenen geschlossen. Du musst dich nie für Gefühle schuldig fühlen. Wir schicken dir Menschen und nehmen dir Menschen. Vertraue auf unseren richtigen Zeitplan und halte an nichts fest und erzwinge nichts. Nichts, wirklich nichts ist zufällig. Und wir können dich nur aufs Tiefste verändern, wenn wir dich in aller Tiefe berühren. Daher diese Gefühle. Es wird leichter, das verspreche ich dir. Weil du es zulässt, weil du nicht mehr dagegen ankämpfst, weil du bereit bist, zu sehen. Dann wird es immer leichter.

## Corona als Verstärker

Corona war ein Verstärker. Rein energetisch betrachtet löst ein solches Ereignis, bei dem ganze Länder mit Themen wie Angst, Kontrolle, Macht und Ohnmacht konfrontiert werden, bei vielen Menschen alte verdrängte Themen aus.

Die meisten Menschen wurden in ihrer Kindheit mindestens einmal mit Gefühlen wie Einsamkeit, Ängsten oder Kontrollthemen konfrontiert. Als Kind kann man noch nicht damit umgehen und verdrängt die unangenehmen Gefühle.

Als Erwachsene in einer Situation, die das alte Thema antriggert, werden diese nicht verarbeiteten Themen wieder hervorgeholt. Auch alle Themen, die man im Alltag mit Arbeit und Freizeit zugedeckt hatte, kamen in der Corona-Zeit verstärkt auf den Tisch, da man durch Lockdown und Ausgangsbeschränkungen nicht mehr so leicht vor sich selbst und seinen Themen flüchten konnte. Mich hat die Zeit während Corona extrem ermüdet und erschöpft. Warum ist das so?

Unterschwellig nehmen wir alle jederzeit Impulse auf, verarbeiten sie und reagieren entsprechend unseren Konditionierungen darauf. Wenn man sehr sensitiv ist, nimmt man auch noch von allen Menschen im Umfeld Schwingungen wahr. Im Alltag haben wir gelernt, diese Schwingungen meist auszublenden und nicht auf alle fremden Menschen und deren Emotionen und Muster zu reagieren. Zumeist lassen wir nur Impulse von uns sehr nah stehenden Menschen zu oder wenn wir im direkten Kontakt mit jemandem sind. Beispiel: Wir sitzen im Café mit einer Freundin und sie erzählt uns sehr emotionsgeladen, dass ihr Freund sie betrogen hat und wie schlecht es ihr jetzt geht. Vielleicht kennst du solche Situationen und dass du dich danach selbst traurig oder wütend fühlst.

Durch die geänderte Situation seit Corona wird aber alles verstärkt. Nicht nur du selbst, sondern auch die Menschen um dich herum, sind häufig mit mehr Emotionen unterwegs, da sie zum einen durch die verschiedenen Maßnahmen mehr gestresst sind, sie sich darüber unsicher sind, was sie wo dürfen und sie sich entweder freier oder sicherer fühlen möchten. Beides löst im Körper Stress aus.

Rein auratechnisch betrachtet, sieht man ungleiche Strukturen in der Aura. Man kann Disharmonie und Chaos in der Aura sehen. Viele Menschen fühlen sich ›neben sich stehend‹, nicht in Balance oder auch vergesslich. Das kommt daher, dass die Grundüberzeugungen wie Sicherheit, Freiheit und Kontrolle erschüttert wurden. Wenn man diesen Menschen im Alltag beim Einkaufen oder auf der Arbeit begegnet und selbst noch sensitiver durch die Situation wurde, da das eigene Energiesystem auch im Stress ist und daher hoch reizbar reagiert, kann man nicht wie sonst die Energie einfach durch die eigene Aura fließen lassen, sondern geht mit all diesen Themen in Resonanz. Daher fühlen sich seit Corona viele Menschen nach einem normalen Arbeitstag oder nach einem Einkauf mit vielen Menschen völlig erschöpft und ausgelaugt. Es kostet unser Energiesystem viel mehr Kraft, uns wieder in Balance zu bringen als früher.

Zum anderen kamen auch wir an unsere tief vergrabenen Themen, weil Corona alles hochgeholt hat, was wir verdrängt haben. Da wir in den Tiefen unserer Überzeugungen erschüttert wurden, drängen Themen, die mit Angst, Freiheit, Veränderung, Sterben, Loslassen, Ohnmacht, Begierde, Leben spüren, Sicherheit oder Verlust zu tun haben, an die Oberfläche.

Was kann man tun? Sieh solche Zeiten als Chance an, um ehrlich mit dir selbst zu sein und lerne, Energien zu beobachten.

- Werde dir als Erstes deiner Themen bewusst. Welches dieser Themen spricht dich an? Wo fühlst du eine Resonanz oder eine starke Abwehr? Beides hat dann mit dir zu tun.

- Schaue dir an, woher es kommt. Was hat dieses Thema bei dir ausgelöst? Was ist noch nicht geheilt?

- Die Seele ruft dich.

Wir machen ein kleines Spiel. Ich schreibe dir ein paar Fragen und du schreibst intuitiv, ohne nachzudenken, die Antworten auf.

1. Wo ging es dir bisher am besten?

2. Welches Gefühl möchtest du haben, wie nennst du das Gefühl?

3. Wo siehst du dich optimaler Weise in 5 Jahren?

4. Was bräuchtest du, damit es jetzt und nicht erst in 5 Jahren ist?

5. Was brauchst du zum glücklich sein?

6. Wenn du jetzt zusammenbrichst und krank werden würdest, was kann dich heilen?

# Spiegel und Resonanz

Menschen, die sich ihre eigene Dunkelheit angesehen haben und den Kampf um ihre eigene Heilung geführt haben, werden ungemütlich für andere. Viele Menschen wollen nicht heilen, da es viel Schmerz, Ehrlichkeit und Angst bedeutet.

Menschen, die diesen Prozess durchlaufen haben, werden schwierig für andere, die weiter im Nebel leben wollen, da sie ihnen die eigene Dunkelheit und die Möglichkeit auf Heilung spiegeln. Für andere wirken diese Menschen weltfremd, anstrengend, zu ehrlich, weil sie wissen, wer sie sind und die Spiele dieser Gesellschaft nicht mehr mitspielen.

Ich: Papa, macht Heilung einsam?

Papa: Ich glaube, für dich persönlich hat dich dein Heilungsweg schon manchmal einsam fühlen lassen. Es gab viele Bekannte, die wollten sich nicht über deine Themen wie Missbrauch, Sucht, Heilung unterhalten. Sie wollten, dass du ihnen ein leichtes Gefühl gibst und die Schwere dieser Themen hat sie abgeschreckt.

Ich: Aber ich habe doch nie etwas von jemandem erwartet. Nie gejammert. Sondern habe immer versucht, das Gute in dem Prozess mitzuteilen.

Papa: Alleine diese Themen haben schon abgeschreckt. Diese

Gesellschaft macht immer noch einen großen Bogen um Themen wie Tod, Trauer, Gewalt und psychische Probleme.

Ich: Warum ist das so, obwohl es ja auch in den Medien diese Themen gibt?

Papa: Wenn du es im Fernsehen siehst, betrifft es dich nicht. Viele Menschen fühlen nicht wie du bei Schicksalen fremder Menschen mit. Du bist immer empathisch, du fühlst das alles. Viele Menschen sind dumpf und taub geworden und sie möchten nicht damit in ihrem Freundes- oder Familienkreis konfrontiert werden, denn sonst müssten sie sich ja damit auseinandersetzen.

Ich: Aber macht das denn nicht auch dieses Leben spannend?

Papa: Das finde ich auch. Ich hatte nie Angst vor härteren Themen. Aber diese bringen dich eben direkt auch an deine Themen. Du spiegelst unweigerlich den Menschen ihre nicht verarbeiteten Themen und es ist viel bequemer, weiter wegzusehen anstatt sich damit auseinanderzusetzen.

Ich: Also, dann möchten diese Menschen nicht heilen?

Papa: Sie haben den Glauben verloren, dass sie es können und vielen ist der Aufwand zu groß. Sie gehen den bequemen

Weg der Verdrängung. Wichtig für dich ist nur: Du bist nicht schuld daran, wenn diese Bekanntschaften oder Freundschaften zerbrechen. Du hast durch deinen Heilungsprozess deine Frequenz verändert und schwingst sozusagen nicht mehr auf derselben Schwingung wie diese Menschen. Das ist völlig in Ordnung und es tut dir langfristig sogar gut, dich von diesen Menschen zu verabschieden, auch wenn es erstmal weh tut.

## Handeln, wenn man etwas erkannt hat

Ich habe häufig nicht das Problem gehabt, Themen und Blockaden bei mir zu erkennen. Mein Problem war eher dann die Umsetzung. Und oft haben mir auch Klienten in der Praxis gesagt: »Ja ich weiß das, aber meine Lebensumstände lassen es nicht zu, dass ich mich beruflich verwirkliche oder eine Blockade löse, ohne mein ganzes Leben zu verändern.«

Und ich kann euch sagen, ja so ist es. Es ist hart, zu erkennen, dass man vielleicht vieles rigoros verändern muss, um Heilung in seine Blockaden zu bringen. Manchmal kann man in alten Familienmustern, der Partnerschaft, der Wohnumgebung oder im Berufsfeld nicht gänzlich heilen. Und ja, es tut weh, Menschen, Situationen oder Dinge loszulassen und es macht Angst, den Sprung ins Ungewisse zu wagen.

Ich hatte vier Zusammenbrüche (teils emotional, teils körperlich), bis ich den Schritt wagte und mein Leben radikal änderte. Die Angst, alles zurückzulassen und mit meiner Familie in Spanien neu anzufangen, war zu groß, um es früher zu wagen. Und es war so viel mehr als nur ein Umzug. Es war ein energetisches Lösen von Freundschaftsmustern, von Sicherheitsmustern, von Ängsten und die Wahl einer Umgebung, die mir half, noch weiter zu heilen.

Wir haben im Sommer 2021 den Schritt gewagt, aus Deutschland wegzugehen und haben sehr viel zurück gelassen. Rückblickend war es das Beste, was wir machen konnten. Dennoch war die erste Zeit sehr hart und viele energetischen Themen, Ängste und Unsicherheiten kamen ans Licht und durften liebevoll angesehen und geheilt werden. Mir hat es geholfen, meine Gesundheit (körperlich, mental, emotional) und die meiner Familie endlich an erste Stelle zu stellen und Strukturen nicht mehr schön zu reden, die einem einfach nicht gut tun.

Aber ja, es braucht Mut und Vertrauen. Auch die geistige Welt, die uns immer wieder über Menschen, Begegnungen und Licht- sowie Musikphänomene Zeichen geschickt hat, hat mir geholfen, die Kraft aufzubringen, es durchzuziehen.

# Sinn und Sinnfindung

Welchen Sinn macht denn
das alles noch?

Lachen, lieben und noch
ein bisschen mehr leben.

# Lebensplan und Sinn

Ich: Papa, warum habe ich diese Inkarnation gewählt?

Papa: Weil du sie händeln kannst.

Ich: Ja aber warum zu dieser Zeit. Sie ist energetisch zu hart und die Menschen und die Energien sind so voller Angst. Warum musste ich in diese Zeit inkarnieren?

Papa: Weil du es kannst ... Weil du diese Energie brauchtest, um zu entdecken, dass du es nicht bist.

Ich: Aber was soll ich Menschen raten, die da nicht rauskommen? Die nicht ihre Kraft darin finden können und daran verzweifeln?

Papa: Dass auch sie stark genug sind, es zu händeln.

Ich: Das ist gerade wohl dein Lieblingswort, oder?

Papa: Es zeigt es so schön. Es geht nicht ums Aushalten, Überleben oder Schaffen. Es geht darum, mit der vorgegebenen Situation und Energie das Beste daraus zu machen. Damit umgehen lernen. Sich weder von dem Drumherum herunterziehen zu lassen, noch sich abzuschotten. Sondern lernen, mit dem, was ist, zu leben und es für sich zu nutzen. Entscheiden, bis zu welchem Grad man sich auf was einlässt, wo man Grenzen setzt und wo man seine positive Energie fließen lassen kann.

Ich: Also betrifft der eigene Lebensplan und die eigene Inkarnation immer das Thema, die vorhandenen Umstände so zu nutzen, dass man das Beste für sich selbst daraus macht?

Papa: Genau so ist es. Natürlich gibt es kollektive und globale Themen, aber beim eigenen Lebensplan geht es immer darum, zu beobachten, was sich wann gut anfühlt, was man braucht und das in den gegebenen Strukturen umzusetzen.

Ich: Also ist der Lebensplan immer etwas Egoistisches?

Papa: Ja natürlich. Das heißt nicht, dass jeder Mensch nur das tun sollte, was er will, ohne Rücksicht auf Verluste von anderen. Aber ohnehin die wenigsten Menschen würden das so tun. Oft hat der eigene Lebensplan ja auch mit Erfüllung von Aufgaben zu tun, die anderen gut tun. Seiner Berufung folgen, eine Familie gründen, Menschen etwas weitergeben, die Welt ein kleines Stück besser machen – das ist bei vielen Menschen der Lebensplan.

Ich: Warum haben dann viele Menschen nicht das Gefühl, dass die Welt sich verbessert, obwohl es anscheinend von vielen der Lebensplan ist, die Welt besser zu machen?

Papa: Zum einen ist das Gefühl »die Welt verschlechtert sich« immer ein subjektives Gefühl. Zum anderen wird das natürlich auch in den Medien gewinnbringend vermittelt. Menschen, die in der Angst sind, sind leichter zu manipulieren.

Ich: Also hat die geistige Welt nicht das Gefühl, dass die Welt oder die Gesellschaft sich verschlechtert?

Papa: Nein.

Ich: Das ist spannend.

# Klimawandel

Ich: Papa, du siehst ja vieles aus einem übergeordneten Blickwinkel. Wie siehst du aktuell die ganze Thematik mit dem Klimawandel?

Papa: Was soll ich dazu sagen? Die Menschen zerstören die Natur, da sie sich von ihr getrennt fühlen. Sie erkennen nicht, dass sie aus demselben Stoff gemacht sind. Zudem werden sie auf dieser Erde nur geduldet. Sie gehört ihnen nicht.

Ich: Könnte die Erde sich nicht auch einfach von den Menschen befreien?

Papa: Ja, definitiv. Für die Erde sind es nur Ameisen. Die Menschen haben keine Macht über die Erde, sondern die Erde über sie. Solange die Erde die Menschen duldet, können diese auf ihr ihre Erfahrungen machen. Irgendwann wird dieser Zyklus abgeschlossen sein und die Erde sich wieder von den Menschen befreien.

Ich: Aber sollten die Menschen die Erde nicht beschützen und gut für sie sorgen?

Papa: Ja, das wäre schön, aber das ist nicht der Fall und wird es wohl auch nie sein. Das Thema Klimaschutz ist dennoch ein von Menschen missbrauchtes Machtinstrument. Es geht auch da – wie bei so vielem –, um einen Bewusstseinswandel und nicht um Verbote oder Einschränkungen. Es ist wie mit dem Körper.

Kannst du dich noch an deine Kindheit erinnern? Wenn ein Mitschüler von seinen Eltern verboten bekommen hat, Süßes zu essen, was hat er dann beim Besuch bei dir gemacht? Genau. Er hat den halben Nachmittag vor unserer Süßigkeiten-Schublade verbracht und sich mit Süßem vollgestopft. Du oder deine Schwester hattet nie diese Bedürfnisse, weil wir immer versucht haben, euch eigenverantwortlich zu erziehen. Es ist euer Körper, den ihr damit schädigt. Wenn ihr ein gutes Verhältnis zu eurem Körper habt, möchtet ihr automatisch, dass es dem Körper gut geht. Für dich ist es kein Verzicht, kein Fleisch, keine Süßigkeiten oder ungesundes Fast Food zu essen, da du gar nicht das Bedürfnis hast, weil du intuitiv mit deinem Körper verbunden bist.

Genauso ist es doch mit der Erde. Ihr seid ein Teil von ihr, sie ist euer Zuhause in dieser Inkarnation (wie euer Körper). Kommst du auf die Idee, einfach so Müll zum Fenster herauszuwerfen, Pflanzen oder Tieren zu schaden oder Wasser zu vergiften?

Ich: Nein, nie im Leben.

Papa: So ist es. Natürlich geht es bei der Erde nicht nur um den einzelnen Menschen, sondern leider viel mehr um die großen Industrien dahinter. Die, die mit der Schädigung der Umwelt Millionen verdienen. Da wären die Politiker in der Verantwortung, Gesetze aufzustellen, die der Erde und dem Umweltschutz dienen. Diese werden aber nicht aufgestellt, oder Firmen gehen in Länder, in denen es keine Regelungen gibt. Das müsste unterbunden werden. Da entsteht die wirkliche Sauerei. Ob man jetzt ein E-Auto oder einen Verbrenner fährt, das ist Ablenkung und Beschäftigung der Massen. Damit müssen wir uns gar nicht befassen. Da muss man sich ja nur mal die Produktion, die Rohstoffe und die Verwertung ansehen und erkennt den Irrsinn und die Machtgeilheit der Politik. Die wirkliche Problematik wird umgangen, da es bei Firmen und Konzernen um sehr sehr viel Macht und Geld geht.

Ich: Wie soll man als kleiner Mensch dann damit umgehen?

Papa: Ignorieren. Die, die etwas zu sagen haben und sich größeren Massen mitteilen können, sind in der Verantwortung, das aufzudecken. Da ist aber die Angst meist viel zu groß und die, die etwas ändern können, die wollen Macht und Geld. Das ist und war schon immer das Dilemma der Menschen. Das war in den Königshäusern, bei Burgen und Schlössern, beim Adel, im Mittelalter, bei Monarchen und auch in allen politischen Systemen so. So funktioniert auch wieder die Dualität und die Trennung in dieser Welt.

Frage dich immer: Kannst du etwas verändern, dann tue es. Wenn du es selbst nicht verändern kannst, lasse es sein, dir darüber Gedanken zu machen. Du, als Nina, wirst da gerade nichts ändern können, also mache dir keine Gedanken darüber, sonst gehst du in die Wut, in negative Schwingung, die dich belastet und im schlimmsten Fall krank macht. Akzeptiere, dass die Gesellschaft schon seit Jahrhunderten so funktioniert, auch wenn darunter einiges leidet.

## Irrsinn der Welt – Abgrenzung?

Ich: Aber was ist, wenn man all den Irrsinn in dieser Welt fühlt und darüber verzweifelt?

Papa: Man darf den Irrsinn fühlen, man darf sich nur nicht verantwortlich für alles fühlen. Meist ist das Fühlen von schlimmen Dingen nicht das Schlimme, sondern ›das es anders haben wollen‹. Da beginnt das Leiden. Wenn man erkennt, dass die Situation so ist und man gerade nichts daran verändern kann, wird der eigene Fokus wieder auf die Dinge gerichtet, die einem Freude machen, die man beeinflussen kann. Du kannst jeden Tag wählen, worauf du deine Aufmerksamkeit richtest.

Ich: Aber ist es nicht viel schwerer, im Feld negativer Menschen zu leben als positiver? Muss man sich da abgrenzen? Wie hält man seine Energie da hoch?

Papa: Ja, es gibt immer energetische Felder und Menschen, die entweder sehr empathisch und feinfühlig sind oder die Mangelthemen in ihrer Vergangenheit nicht geheilt haben, und empfindsamer auf diese Felder reagieren als andere. Sie werden mehr durch die Felder eines Ortes oder einer Gesellschaft beeinflusst als Menschen, die nicht so viel um sich herum wahrnehmen oder die mit sich selbst in Balance sind.

Abgrenzung macht nur insofern Sinn, dass man frei entscheiden sollte, was man wie viel Macht gibt und so oft es geht Felder (Beruf, Familie, Freunde, Mediennutzung, Natur usw.) wählt, die einem gut tun. Wenn man lernt, sein eigenes Energiesystem (sein Körpergefühl, seine Emotionen und Gedanken) zu beobachten, wird man schnell merken, mit welchen Menschen es sich leicht und aufbauend und mit welchen schwer und belastend anfühlt.

Da kann es geschehen, dass man sich von Menschen und Orten abwenden muss, um sich wieder besser und mehr in Ausgleich zu fühlen. Schützen vor diesen Feldern kann man sich nicht und aus Sicht der geistigen Welt sind sie neutral. Es sind einfach Energien. Aber frei wählen und bewusst entscheiden, das ist der Schlüssel. Und wenn man nicht direkt das ganze Umfeld wechseln kann, ist es wichtig, in unguten Strukturen und Feldern besonders auf sein Energiefeld zu achten und sich so oft es geht Ausgleich und Auszeiten zu suchen.

## Wie viele Seelen gibt es?

Alle Menschen auf dieser Welt sind zwar als einzelner Mensch individuell und haben jeweils einen eigenen Lebensplan, eine Aufgabe, warum sie auf diese Erde gekommen sind und dennoch sind sie Teil von einem großen Ganzen. Das ist auch der Grund, warum wir alle miteinander verbunden sind und es auch vorkommt, dass wir ans andere Ende der Welt reisen und dort jemanden treffen, mit dem wir uns tief verbunden fühlen. Es gibt keine wirkliche Trennung zwischen allen Menschen. Jedes einzelne Leben trägt mit allen Erfahrungen, die man hier macht, zur Weiterentwicklung der Seele bei.

Es gibt im Grunde nur eine Seele. Alles, was erschaffen wird, stammt aus dieser einen Seele – alle Menschen, Tiere,

Pflanzen – daher können wir uns auch mit Tieren oder Natur genauso verbunden fühlen wie mit Menschen und Orten.

Es ist wie das Meer, das aus tausend einzelnen individuellen Tropfen besteht und doch als großes Ganzes eins ergibt. Nehmen wir mal den indischen Ozean als Vergleich. Entnimmt man einen Tropfen aus dem einen Ende bei Afrika und einen Tropfen aus dem anderen Ende in Australien und noch einen asiatischen Tropfen, hat man drei Tropfen indischer Ozean und doch ist jeder Tropfen anders und hat nie die anderen beiden Tropfen kennengelernt. Sie haben nichts miteinander zu tun, kennen sich nicht, brauchen sich nicht und haben doch denselben Ursprung und denselben Zweck.

Also: Eine Seele mit vielen verschiedenen Bereichen und Aufgaben, vielen Abteilungen oder Ländern oder wie du es bezeichnen möchtest. Und dann viele Anteile in den jeweiligen Bereichen.

Papa: Wenn man auf diese Welt inkarniert, geht man durch den Tunnel des Vergessens. Man lässt seine wahre Seelenheimat hinter sich und inkarniert auf dieser unperfekten Welt. Viele Menschen fühlen sich ihr Leben lang wie auf einer Reise und wünschen sich anzukommen. Sie vermissen im Grunde ihre Seelenheimat, die geistige Welt aus Liebe und allumfassendem Licht. Sie empfinden diese Welt als zu anstrengend und sehnen sich nach einem Zuhause, das sie vergessen haben.

Kommt dann jemand in ihr Leben, der dieselbe Frequenz trägt (die Frequenz besteht aus der Abteilung und der Aufgabe), erinnern sie sich auf einer Seelenebene wieder an die damalige Vollkommenheit aus ihrer Heimat. Diese Person triggert das Gefühl der Vollkommenheit, des ›nach Hause Kommens‹, einer Leichtigkeit und Lebensfreude, nach dem sie sich sehnen. Aber im Grunde ist es nicht diese Person, die das macht, sondern es ist wie ein Reminder an einen Zustand, den wir alle in uns tragen, aber meist vergessen haben. Wir erinnern uns an unsere eigene vollkommene Seele und der Partner ist nur der Auslöser dafür.

Daher gibt es viele Menschen, die in glücklichen oder nicht so glücklichen Beziehungen leben und gar nicht den Wunsch nach einer Dualseele verspüren, da sie in sich selbst den fehlenden Aspekt gefunden haben.

Und das ist aber auch der Grund, warum besonders viele Frauen, die schon in vielen unglücklichen Beziehungen gelebt haben, häufig auf der zwanghaften Suche nach ihrer Dualseele sind und manchmal auch verheirateten Männern eine Macht über sich geben, die sie nicht glücklich machen können und werden.

# Zukunft

Ich: Papa, was sagst du denn zu der Zukunft? Könnt ihr als Verstorbene dazu überhaupt etwas sagen? Um was geht es – auf die Welt und auch auf uns persönlich bezogen?

Papa: Wir machen ungern Aussagen zur Zukunft, da das Spiel des Lebens am besten funktioniert, wenn man in der Gegenwart lebt und sich keine Gedanken um die Zukunft macht. Aber ich verstehe deine Frage.

Die letzten drei Jahre waren für viele Menschen sehr herausfordernd und viele fragen sich, wo es denn mit dieser Welt und der Gesellschaft in Zukunft hingeht und was sie persönlich tun oder verändern können. Wir aus der geistigen Welt sehen das alles nicht so negativ wie ihr. Wir wissen um die Zyklen der Menschheit und wie wichtig solche Umbruchphasen, wo man das Gefühl hatte, vieles bricht auseinander, sind. Diese gab es in der Geschichte immer wieder. Und nur so kann sich die Menschheit weiterentwickeln.

Ich: Aber entwickelt sich die Menschheit denn zum Guten weiter?

Papa: Was ist schon gut, was ist schon schlecht?

Ich: Aber die Menschen zerstören doch die Natur und die Erde immer mehr ... und sich selbst doch auch.

Papa: Du glaubst doch nicht im Ernst, dass die Erde sich von ein paar Menschen zerstören lässt. Sie ist eine eigene Intelligenz, die ausgewählt hat, Menschen auf sich zu tragen. Sie müsste das nicht. Und die Entscheidung ist nicht willkürlich getroffen. Das heißt natürlich nicht, dass es okay ist, wenn Menschen die Natur zerstören. Ich rechtfertige das nicht. Aber das ist eben ein Teil eures Lernprozesses und der globalen Themen, der kollektiven, für die ihr euch bei eurer Inkarnation entschieden habt.

Ich: Hätte ich auch die Wahlmöglichkeit gehabt, in eine andere Zeit zu inkarnieren?

Papa: Ja natürlich. Da es keine lineare Zeit gibt, existieren alle Zeiten gleichzeitig und du hättest natürlich auch ins Mittelalter oder in die Zukunft inkarnieren können.

Ich: Warum habe ich diese Zeit gewählt?

Papa: Das weiß ich auch nicht. Wahrscheinlich, weil sie all das beinhaltet hat, was du für deine Lebensaufgaben benötigt hast.

Ich: Hast du im Nachhinein erkannt, warum du in die Zeit, in die du hineingeboren wurdest, inkarniert bist?

Papa: Ja, bei mir in der Kindheit war Gewalt im Elternhaus und in der Schule noch ein normales Thema. Ich brauchte diese Erfahrung, um meine Kraft zu entwickeln, Dinge ändern zu wollen, erfolgreich zu sein und es bei meinen Kindern nicht so zu machen.

## Lebensplan und Erfüllung

Ich: Was ist wichtig, dass ich es den Menschen mitteile – aus Sicht der geistigen Welt?

Papa: Wir als Energie wünschen uns, dass ihr ein Feld kreiert, das erfüllt ist mit Liebe. Das ist die höchste Schwingung, die es auf diesem Planeten gibt. Und es geht nicht um die Liebe untereinander und auch nicht klassisch um Selbstliebe. Es geht auch nicht um Dankbarkeit für das Leben, die Natur oder was auch immer. Es geht nur um die Schwingungsfrequenz.

Als Kind hast du geliebt und warst als Schwingung Liebe. Diese Liebe war einfach da – ohne Grund und ohne ein Ziel zu haben. Erinnere dich mal kurz zurück an deine ersten Erfahrungen und Erinnerungen, die du noch hast.

Du bist aufgestanden und warst neugierig, was der Tag für dich bereithält. Du warst komplett ohne Bewertung. Es war egal, welcher Tag es war, welche Uhrzeit oder was du vorhattest. Soweit konntest du noch gar nicht denken. Das was gezählt hat (wenn du satt warst und dein Körper versorgt), war, wie du dich selbst wahrnehmen konntest. Du konntest dich als stark, groß, schnell, laut, leicht wahrnehmen durch deinen Körper, durch dein Umfeld, durch die Erlebnisse, ohne dass es dir so wirklich bewusst war. Du warst einfach und es war spannend.

Und merkst du, selbst jetzt, wo du schreibst und kurz eine Pause gemacht hast, bewertest du direkt wieder. Zuerst hast du noch kurz die Taube vor dem Fenster beobachtet und warst im jetzigen Moment und dann ging wieder dein Verstand an, du hast die neue E-Mail gesehen, du hast auf die Uhr geschaut, du hast damit deine eigene Seins-Energie gedimmt.

Ich: Aber wenn ich, nehmen wir mal an, immer in diesem Zustand sein könnte, würde ich mich doch nicht entwickeln, nicht vorwärts kommen, oder?

Papa: Wo willst du denn hinkommen?

Ich: Gute Frage. Habe ich als Seele nicht den Wunsch, mich zu entwickeln, zu lernen, etwas zu erschaffen, meinen Lebensplan zu verwirklichen?

Papa: Gegenfrage: Sind nicht rückblickend die Dinge, die du jetzt als »Lebensplan verwirklichen und Berufung« bezeichnen würdest, immer ohne dein Zutun, in dein Leben gekommen?

Ich: Ja, eigentlich schon, entweder als Art Schicksalsschlag oder als Erfüllung. Heißt also, ich muss gar nichts tun und einfach abwarten, was auf mich zukommt und dann erst handeln?

Papa: Ja, hör auf, dir den Kopf zu zerbrechen. Sei wachsam und aufmerksam und sieh, was sich erfüllt.

Ich: Aber ich lehre meinen Schülern, dass sie viel für ihre spirituelle Entwicklung tun müssen, dass sie meditieren sollen und ihre Themen heilen. Ist das dann Quatsch?

Papa: Nein, du wurdest ihnen in ihr Leben geschickt, damit sie genau das hören sollen. Es hat auch mit Selbstverantwortung zu tun. Sie dürfen lernen, dass sie kein Opfer der Umstände sind und sie ihr Energielevel selbst beeinflussen können. Aber wenn es um Lebensplan und Berufung geht, dürfen sie an einem gewissen Punkt auch loslassen bzw. erfüllt es sich definitiv nur, wenn sie loslassen.

# Humor und Seele

Manchmal kann man alles nur mit Humor nehmen. In den Jenseitskontakten, die ich früher gegeben habe, erlebte ich sehr oft, dass die Verstorbenen viel Humor haben. Sie sehen auf ihr Leben zurück und auf die Dinge, die sie früher sehr gestresst haben. Jetzt – im Jenseits – haben sie einen anderen Blickwinkel und sagen oft, dass sie sich gewünscht hätten, mehr das Leben genossen zu haben, mehr gelebt und weniger nachgedacht zu haben.

In der Corona-Zeit merkte ich, dass mein Missbrauchsthema noch nicht komplett geheilt war, dass auf Zellebene immer noch Themen wie Angst vor Menschen, Verlustängste und Unsicherheiten, die sich in der Folge des Missbrauchs entwickelt haben, vorhanden waren. Denn das Trauma an sich ist meist nicht das Schlimmste, sondern die Jahre danach und die Ängste, eventuell Süchte und Probleme, die sich daraus entwickelten. Und ich habe mal einen tollen Spruch gelesen, der in etwa so ging:

*Wenn du eine Tasse mit Kaffee gefüllt hast und diese schüttelst, was passiert? Richtig, der Kaffee kommt zum Vorschein und ergießt sich. Wenn aber nun Tee in der Tasse wäre, was dann? Genau. Dann kommt der Tee heraus.*

Genauso ist es mit unseren Seelen. Wenn wir als Menschen ordentlich durchgeschüttelt werden, kommt zum Vorschein, was in uns steckt. Ob dann Missgunst, Hass und Wut sichtbar werden oder Liebe, Fürsorge und Empathie, liegt an uns und dem, was wir in unser Gefäß füllen.

So wird natürlich auch in energetisch schwierigen Situationen das sichtbar, was wir versucht haben zu verdrängen. Bei mir wurden Mitgefühl, Liebe, aber auch noch verdrängte Ängste sichtbar, mit denen ich mich beschäftigen durfte, damit sie heilen konnten.

Dieses Leben ist zu 100 Prozent tödlich. Das ist das einzige, was alle Menschen gemeinsam haben. Und ich bin fest davon überzeugt, dass unsere einzige Verpflichtung darin besteht, vor diesem Tod etwas aus unserem Leben zu machen. Was das ist, darin unterscheiden wir uns. Bei manchen vielleicht eine Familie gründen, bei manchen Liebe in die Welt bringen, bei manchen die Welt verändern.

Aber bei all meinen Jenseitskontakten mit früh verstorbenen Seelen war eines gleich: Egal wie kurz das Leben von ihnen auf dieser Welt war, es war nicht weniger kostbar dadurch. Selbst verstorbene Babys zeigten mir oft als Botschaft, dass ihr Leben nicht umsonst war, sondern dass sie Liebe und Freude auf diese Welt und zu den Menschen gebracht haben und dass die Welt durch sie ein Stückchen besser wurde. Jeder Mensch hinterlässt Fußabdrücke auf dieser Welt und in den Herzen der anderen.

Was ich mir selber sagen würde, wenn ich mich mit 10 Jahren treffen würde:

*Hallo meine kleine Große,*
*es ist vieles nicht leicht, ich weiß. Aber habe keine Angst vor den Aufgaben, die auf dich zukommen. Du hast dieses Leben gewählt, weil du fähig bist, es zu leben.*

*Die Gewalt und Ungerechtigkeit, die du erlebt hast, sind etwas, die dich prägen und dein Leben beeinflussen. Aber daran musst du nicht verzweifeln. Ich werde dir immer Menschen und Zeichen schicken, die dir den nächsten Schritt zeigen werden, die dich fühlen lassen, dass du nicht allein bist. Du trägst die Kraft in dir, aus deinem Schmerz etwas Wundervolles wachsen zu lassen. Der Schmerz und das Leid, das du in dir trägst, machen auch dein Potenzial aus. Du wirst die Welt zu einem besseren Ort machen. Dein Heilen, sei es noch so schmerzhaft zwischendurch, wird Liebe und Hoffnung in die Welt bringen.*

*Hör nie auf, an dich zu glauben. Viele Menschen verstehen dich nicht und werden es auch nie. Das ist in Ordnung. Du sprichst eine andere Sprache. Bring dennoch deine Stimme und deine Worte in die Welt. Es werden die Menschen verstehen und es wird die Menschen berühren, die bereit dafür sind.*

*Du wirst dich immer wieder selbst verlieren. Habe keine Angst davor. Du wirst dich auch immer wieder neu finden und erschaffen. Gib dich dem Fluss des Lebens mit aller Intensität hin und kämpfe nicht dagegen an. Sei wachsam und vertraue zu einhundert Prozent deiner Intuition.*

# Heilung – heil sein

Heilen ist eine Illusion.
Erkenne, dass du als Seele schon immer
vollkommen und heil warst.

# Innere Anteile

Ich: Aber wie soll man denn mit all den Schmerzen klarkommen?

Papa: Verbinde dich mit dem Universum. Entweder in Form der geistigen Welt, also mit Geistführern oder Verstorbenen oder mit deinem Höheren Selbst oder deiner Seelenanbindung.

Ich: Warum?

Papa: Weil auch du als Seelenwesen heil und vollkommen bist. Und wenn du als Seele heil bist, dann gibt es in Wirklichkeit keine Schmerzen. Schmerzen, Leiden, Wollen, Trauer usw. – all das existiert nur im Gefühl des Getrenntseins.

Wenn du denkst, dass du etwas nicht hast, etwas nicht bist, etwas nicht erreicht hast, etwas nicht leben kannst, dann bist du getrennt von etwas, und im Grunde bist du getrennt von einem Teil in dir selbst. Denn selbst wenn du dich nach einem anderen Menschen sehnst, sehnst du dich im Grunde nach einer Vollständigkeit und einem *Heilsein* in dir. Denn wenn etwas vollständig und vollkommen ist, kann es sich nicht nach etwas sehnen. Sehnsucht entsteht immer aus einem Mangel heraus.

Wenn du fühlen könntest, dass egal, was im außen ist, du im innen 100 Prozent heil und vollkommen bist, dann könntest du nicht leiden. Macht das Sinn?

Ich: Theoretisch schon.

Papa: Praktisch auch. Denke an das Gefühl, wenn du ein Baby ansiehst. Frage in Gedanken, ob das Baby ein neues Auto braucht, ob es mehr Geld, mehr Ansehen oder Freunde braucht. Verstehst du, was ich meine?

Oder gehe in eine kurze Meditation. Nimm ein Bild, das dir im Inneren das Gefühl von Frieden gibt.

Ich: Am Meer sitzen.

Papa: Gut. Du sitzt am Meer, schaust den Wellen zu und bist völlig eins mit dir und der Natur. Du nimmst nur die Wellen und deinen Atem wahr. Du musst nichts tun, nichts sein, nichts leisten.

Ist jetzt die Steuererklärung wichtig? Ist jetzt ein Partner wichtig? Fühlst du in diesem einen Moment einen Mangel?

Ich: Nein. Okay. Ich habe es verstanden. Aber wie kann ich das im Alltag, der nun mal aus Verpflichtungen, Mangelgefühlen, Ansprüchen besteht, hinbekommen, es anders wahrzunehmen?

Papa: Wähle jeden Morgen den Raum der Begeisterung.

ICH

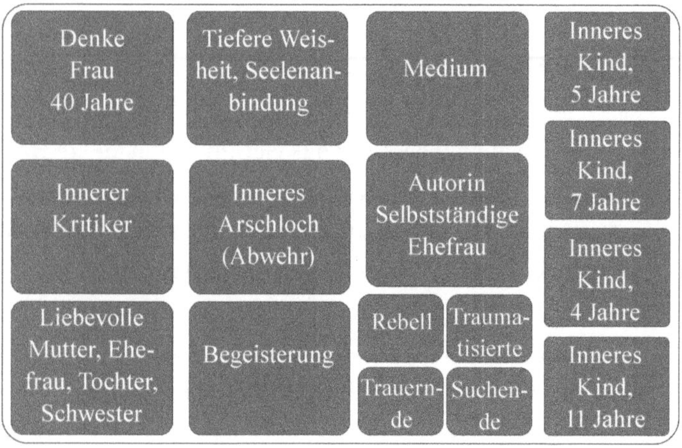


Papa: Wir haben alle viele verschiedene Räume in uns. Man kann sie auch Persönlichkeitsanteile nennen. In jeder Minute des Tages wählen wir unbewusst einen Raum oder Anteil aus und handeln aus diesem heraus. Die Räume sind geprägt von unserer Erziehung, von den Glaubenssätzen, die wir haben, von Erfahrungen und unserem Charakter.

Die oben gezeigten sind nur ein paar wenige von ganz vielen Räumen, die du so nutzt. Die meiste Zeit des Tages handelst du aus dem Raum links oben heraus. Aus einem denkenden, erwachsenen Anteil, der Entscheidungen trifft. Dieser wechselt sich je nach Thema mit dem Raum der Mutter oder des Mediums ab. Solltest du aber jetzt in Situationen kommen, die dich an alte Themen wie Verlustangst, Angst vor Menschen oder Perfektionsansprüche bringen, werden die Räume des inneren Kindes zusammen mit Räumen wie dem inneren Kritiker oder dem Rebell oder der Traumatisierten aktiviert. In diesen Räumen ist aktives Handeln im Hier und Jetzt schwierig. Es werden alte, gelernte Denk- und Verhaltensmuster abgespielt, wie Rückzug, Schutz oder Konfrontation, um der Situation möglichst schnell und gut zu entwischen. Du merkst, dass du nicht mehr in der Lage bist, rational zu handeln, sondern verfällst in seltsame Muster.

Ich: Was kann ich dann tun?

Papa: Der erste Schritt ist immer zu erkennen, dass sich etwas verändert. Achte auf deine Gefühle und deinen Körper. Du spürst an deinen Emotionen oder auch an Schmerzen im Körper, wenn du aus der Entspannung und erwachsenen oder leichten Haltung hinausgehst und in ein altes Muster kommst. Oft merkt man, dass man Teile des Körpers anspannt, dass man nicht mehr entspannt atmet, dass man in Stress gerät, dass das Herz schneller schlägt, dass man sich unwohler fühlt, dass Gefühle wie Traurigkeit oder Wut auftauchen. Dann schau dir das an und frage dich, aus welchem Raum heraus du gerade handelst.

Ich gebe dir noch ein Beispiel. Denk an eine Freundin. Sie ist eine erwachsene, selbstbewusste Frau. Sie leitet ihr eigenes kleines Unternehmen und weiß, was sie will. Und doch ist es im Beziehungsbereich schwierig. Sie ist in einer Partnerschaft, in der sie sich ständig unterordnet. Sie wohnen nicht zusammen und sie ist oft bei ihm. Sie räumt für ihn auf, sie kocht, wenn sie da ist, sie hilft ihm sogar mit den Finanzen. Er ist unselbstständig, aber ihn stört es auch nicht. Er lebt gerne in den Tag hinein und wenn etwas nicht erledigt ist, wird es aufgeschoben. Sie stört dieses Chaos und sie möchte gerne eine Zukunft mit ihm planen. Sie fragt sich, warum sie sich überhaupt in einen solchen Chaoten verlieben konnte und sie streiten oft.

Wir zeigen jetzt mal für sie die inneren Räume, nur auf die Situation mit ihrem Partner bezogen, auf:

Sobald sie mit ihrem Partner zusammen ist und er alles etwas schleifen lässt, triggert sein Verhalten bei ihr den inneren Raum ›inneres Kind 7 Jahre‹ an, weil im Alter von 7 Jahren ihr Vater ihre Mutter verlassen hat. Sie erlebte extreme Verlustangst, mit ihr wurde nicht gesprochen, und sie hat fortan versucht, den Vater strukturell in der Familie ein Stück zu ersetzen.

Gleichzeitig geht der Raum ›nach Liebe Suchende‹ mit in Resonanz, da sie sich tief in ihr drin die Liebe ihres

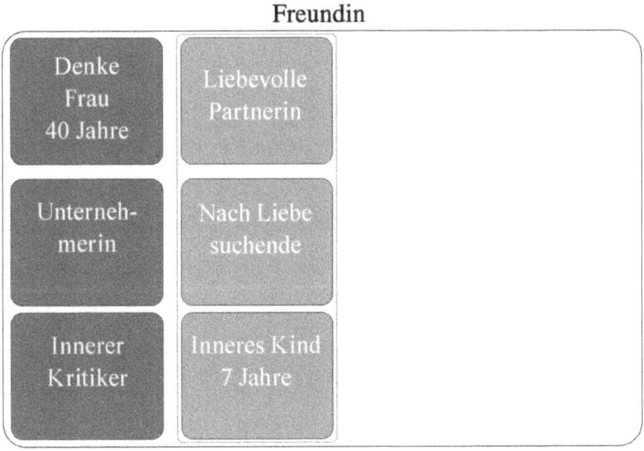


Vaters zurück wünscht, sie sich auch in Beziehungen nach einer ergänzenden und wertschätzenden Liebe sehnt und das geknüpft ist mit dem Raum, wie sie sich selbst als liebevolle Partnerin sehen will. Daher gerät sie, sobald er weniger tut, in ein Übermaß an Aktion. Sie MUSS aufräumen, ihm helfen und alles für ihn tun, da drei Räume in ihr – Liebe und Tun – gekoppelt sind und, wenn sie nicht für ihn da wäre, ihre alten Verlustängste unaushaltbar wären.

Das ist ein vereinfachtes Schema. In echt sind noch tausend weitere Muster daran beteiligt. Wenn der rechte Bereich in Aktion tritt, verblasst der linke und aus der sonst selbstbewussten Unternehmerin wird eine nach Liebe suchende Frau, die sich selbst vergisst.

Ich: Gut. Habe ich verstanden. Wie könnte meine Freundin es ändern?

Papa: Grundsätzlich ist ja gegen ab und an helfen und eine nette Partnerin sein nichts einzuwenden, aber wenn sie spürt, dass es kippt, dass sie es tun muss, da sie Angst hat, ihn zu verlieren, wenn sie es nicht macht, dann sollte sie sich in die Stille setzen und sich ihre Gedanken und Gefühle aufschreiben. Sie sollte mit diesen Räumen kommunizieren. Sie stellt sich vor, sie geht in einen Raum und schaut sich an, was dieser Raum oder Anteil von ihr möchte. Wo sitzt die Angst? Wie alt ist sie in diesem Raum? Ist sie da noch handlungsfähig oder spürt sie, dass dort alte Muster wirken?

Wir alle haben zig von diesen Räumen in uns und das Ziel ist nicht, diese wegzubekommen. Das Ziel ist, dass wir sie bewusst nutzen können und dass wir nicht mehr abhängig von ihnen sind. Ziel ist auch, dass die Räume, die uns blockieren, ein Stück kleiner werden dürfen. Sie werden meist nicht komplett gehen, da sie mal einen großen Zweck hatten. Zumeist schützten uns diese Räume früher mal, daher haben sie so eine große Macht über uns. Weil ein Teil unseres Unterbewusstseins davon überzeugt ist, dass wir nicht überleben würden, wenn wir diesen Raum nicht mehr haben. Aber das ist ein Irrtum.

Wir müssen nur umlernen und merken, dass andere Räume uns viel besser schützen können bzw. dass wir, wenn wir mehr aus anderen Räumen handeln, keinen Schutz mehr benötigen.

Und jeder von uns hat einen Raum, den ich mal ›höhere Anbindung‹, ›tieferes Wissen‹ nenne. Der Raum hat eine Art WLAN-Verbindung zu unserer Seele, unserem Lebensplan und unserer Anbindung an die geistige Welt. Du bist mit dem Raum verbunden, wenn du Sitzungen gibst, wenn du meditierst, wenn du mit uns schreibst oder wenn du dich *angekommen* fühlst.

Wir alle tragen diesen Raum in uns, den wir von dem Zustand vor dieser Inkarnation mitgebracht haben. Es ist ein Seelenraum, der nie verschwindet, den manche stärker wahrnehmen, manche schwächer.

Ich: In welchen Momenten können wir den Raum wahrnehmen?

Papa: Oft in speziellen Momenten, wenn wir uns auf unsere Intuition verlassen müssen. Wenn es um grundlegende Entscheidungen geht und wir eindeutig spüren, was wir tun sollen, handeln wir aus diesem Raum heraus. Auch manchmal in ganz schlimmen oder existenziellen Momenten. Da spüren wir, dass es noch mehr gibt, als wir mit unseren Augen wahrnehmen können und wir verbinden uns mit diesem Raum und sehen plötzlich die Welt in einem anderen Licht oder können die eigene Göttlichkeit und die Unterstützung aus der geistigen Welt spüren.

Ich: Wie können wir öfters oder bewusster aus diesem Raum heraus leben? Und wäre es nicht vielleicht das Ziel, immer aus diesem Raum heraus entscheiden und leben zu können?

Papa: Die optimale Version wäre:

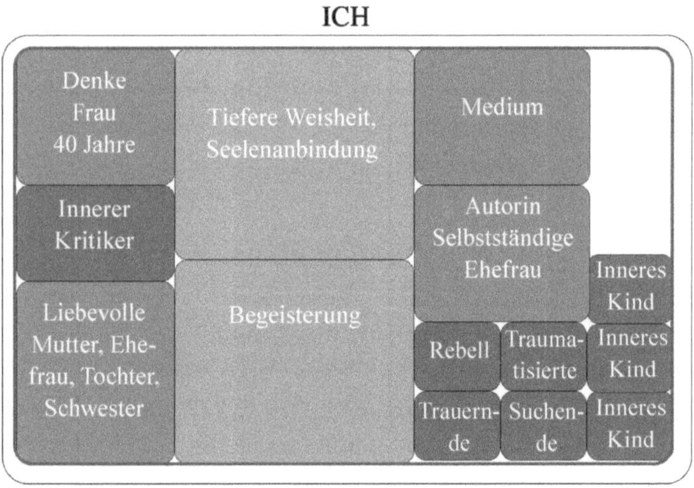


So sähe es vereinfacht aus, wenn man den Raum der tieferen Weisheit und Seelenanbindung an erste Stelle in seinen Alltag einbauen würde. Man würde, selbst wenn man aus anderen Räumen heraus handeln sollte, diesen immer mit einbeziehen und tiefere Erkenntnisse, eine größere Leichtigkeit und mehr Zufriedenheit auch in den Bereichen Beruf, Familie und Heilung alter Wunden hineinbringen.

Ich: Das sieht gut aus. Mein pragmatischer Verstand sagt sofort: »HABEN WOLLEN«. Also, wie kann ich das erreichen und wie kann ich es halten, auch in schwierigen Situationen, die mich wieder rausbringen?

Papa: Okay, wenn du pragmatisch denkst, machen wir das auch.

**Punkt 1:**
Stell es dir wirklich als Haus vor. Was machst du dann? Verändere die Raumaufteilung:

Stelle den Raum, der am schönsten ist und in dem du dich am liebsten aufhältst, in die Mitte deines Lebens, lebe dort bewusst die meiste Zeit, bringe deinen Schreibtisch und deinen Lebensmittelpunkt in diesen Raum und gestalte auch die anderen Räume nach dem Prinzip dieses Raumes um, so dass auch die anderen Räume – auch wenn es nun mal der Keller oder Abstellraum ist –, auch ein bisschen von dem Flair dieses Raumes haben.

Also auf dich bezogen:

1. Nimm dir jeden Tag bewusst vor, an diesem Tag ein wenig mehr aus dem Raum der tieferen Weisheit heraus zu handeln, zu denken und zu fühlen.

2. Lasse diesen Raum zu deinem Lebensmittelpunkt werden.

3. Bringe auch in deinen Beruf, in deine Rolle als Mutter, Tochter, Ehefrau ein Stück der tieferen Weisheit mit hinein.

Was noch ganz wichtig ist …

**Punkt 2:**
Du brauchst eine Erinnerung, ein Gefühl oder etwas, das wie ein Anker funktioniert, um dich mit diesem Raum immer wieder zu verbinden.

Es kann ein spirituelles Erlebnis sein, eine Meditation, ein Glücksmoment, irgendeine Erinnerung, bei der du sagst: »Da war ich voll und ganz im Raum TIEFERE WEISHEIT«. Jeder hat solche Erlebnisse, ein Gefühl vollkommen in dem Moment zu sein, völlig angebunden an eine höhere Wahrheit. Versuche diesen ANKER so dreidimensional wie möglich zu machen:

1. Suche dir eine Erinnerung.
2. Verknüpfe diese Erinnerung mit einem Gefühl.
3. Wenn du noch einen Geruch, ein Lied, eine Farbe oder etwas anderes damit verbindest, hilft das zusätzlich.

Schreibe dir diesen Anker so genau wie möglich auf, denn er hilft dir, zu Beginn diesen Raum zu öffnen wie ein Schlüssel.

Beispiel:
Eine Frau hatte ein Erlebnis im letzten Urlaub. Sie saß am Strand, eine Band spielte *Sempre sempre*. Sie spürte den Sand unter den nackten Füßen und in dem Moment gab es keine Vergangenheit und keine Zukunft, alle Probleme waren verschwunden, sie spürte eine Leichtigkeit im Herzen, Frieden im Kopf und ein Schmetterlingskribbeln im Bauch.

Das Lied, die Erinnerung des Gefühls und das Zurückholen der Emotionen und Körperwahrnehmungen ist dann der Anker, um diesen Zustand aufzurufen und der Schlüssel, um den Raum für diese Weisheit aufzuschließen.

Und so wie auf der Grafik darf die Frau nun diesen Anker von dem Raum auch in alle anderen Bereiche ihres Lebens auswerfen und wenn Probleme zum Beispiel im

Beruf mit dem Chef auftauchen, bewusst mit ihrem Herzen in den Raum der Weisheit wechseln und sich selbst die Frage stellen: »Was würde der Aspekt der tieferen Weisheit jetzt zum Problem mit dem Chef sagen?«

Stelle deiner Seele, deiner inneren Weisheit Fragen. Denn Fragen eröffnen Räume!

**Punkt 3:**
Es ist wichtig zu verstehen, dass, wenn du etwas wirklich ändern möchtest, du zwar eine Intention brauchst, dann aber auch loslassen musst. Wenn du etwas möchtest, bist du meist im Mangel, denn du hast es ja noch nicht. Wenn du im Mangel bist, hältst du unbewusst an diesem Zustand fest. Es fühlt sich für dein Energiesystem normal und vertraut an. Wenn du etwas ändern möchtest, musst du dir selbst aus dem Weg gehen. Das funktioniert am besten, indem du über dich selbst – über deinen Körper, deine Emotionen, deine Gedanken – hinauswächst.

Ich: So wie ich es in den Seminaren mit den Teilnehmern anleite? Ich sage dann, sie sollen sich vorstellen, dass sie als Seele still sind und alle Gedanken und Gefühle außerhalb dieser stillen Seele vorbeifliegen, sie können sie beobachten, aber sie entscheiden selbst, welche sie an sich heranlassen.

Papa: Ja, das ist ein guter Anfang. Ich würde hier aber noch einen Schritt weitergehen. Sie sollen zum Universum werden. Sie sollen sich ausbreiten und alles und jeder werden, so wie Millionen kleine Teilchen, die im Universum umherschwirren. Da ist überall Licht und überall doch nicht. Es ist ein Raum voller Möglichkeiten, ohne dass man etwas wählen muss. Man muss zu diesem Raum werden und über alles, seinen Körper, seine Emotionen, seine Gedanken, aber auch dieses Haus, diese Stadt, dieses Land hinauswachsen. Verstehst du, was ich meine?

Ich: Teilweise. Ich sehe es wie ein Bild von den Sternen und dem Himmel und dass ich mich darauf zubewege.

Papa: Ja, das kannst du dir zu Anfang vorstellen. Und dann lass aber auch die Planeten und Sterne los. Und lass auch das Bewegen los. Du bist einfach nur. Du bist der Raum. Du bist das Universum.

Ich: Warum ist das wichtig?

Papa: Weil du dich von dem löst, was du bis jetzt warst. Denn in dem Zustand von dem, der du jetzt bist, kannst du nichts Neues kreieren, da du ja schon etwas bist. Dein Energiesystem hält am Alten fest. Du musst erst neuen Platz schaffen und alle Möglichkeiten unabhängig von dem, was gerade da ist, erfahren, um dann neu wählen zu können.

**Punkt 4:**
Ganz wichtig sind Gefühle. Emotionen können Kraft geben, können die Energie im Raum anheben oder können blockierend wirken.

Ich: Warum ist das so?

Papa: Gefühle sind Energie. Du kennst es bestimmt auch, wenn du in einen Raum gehst, in dem sich vorher Menschen gestritten haben, das spürt man sofort. Es fühlt sich an wie *dicke Luft*. Im Gegenteil dazu fühlt sich ein Meditationsraum oder eine Hochzeitslocation oft wie der Himmel auf Erden an. Es wurden viele leichte freudige Emotionen dort gespeichert und man spürt es, wenn man in diese Räume geht. Jeden Tag bringt jeder Mensch Emotionen in die Welt und diese hinterlassen überall eine Art Signatur. Jedes Gefühl hat eine Wirkung im Raum. Ist das nicht faszinierend?

Ich: Ja, das schon, aber irgendwie auch erschreckend. Ich glaube, das sollte unseren Kindern schon in der Schule beigebracht werden.

Papa: Naja. Vielleicht müsste es zu allererst den Erwachsenen beigebracht werden und dann lernen es die Kinder automatisch auch.

Ich: Ja, da hast du wohl recht.

Papa: **Punkt 5**:
Magie ist der wichtigste Teil für uns. Magie, Synchronizitäten oder auch Wunder entstehen, wenn man Vertrauen in die geistige Welt lernt. Wenn man spürt, dass auch wir hier Seelenwesen sind und dass Magie uns immer begleitet. Ich finde es ganz wichtig, Dinge die ich nicht beeinflussen kann, abzugeben an die geistige Welt. Wenn du die geistige Welt, das Universum oder wie immer du es nennen magst, einlädst in dein Leben, wirst du eine tiefere Sinnhaftigkeit spüren, dich getragen und gefühlt fühlen und nicht mehr an Lebensplan und Schicksal zweifeln können.

Ich: Wie macht man das?

Papa: Wenn du nicht mehr weiter weißt, dann FOLGE DEN ZEICHEN! Wenn du in einer Phase deines Alltags die Unterstützung der geistigen Welt nicht mehr spürst, liegt es nicht an der geistigen Welt, sondern an deinem Alltag. Verändere ihn und du wirst die Führung wieder wahrnehmen können.

Öffne dich wieder bewusst für die Zeichen und Wunder, indem du etwas veränderst, geh raus unter Menschen, reise, fahre neue Strecken und fordere die geistige Welt heraus, dich zu führen und zu unterstützen. Was wäre, wenn alles, was dir begegnet, nur eine Aufforderung wäre, noch mehr zu vertrauen?!

# Warum überhaupt Selbstheilung?

Ich: Ehrlich gesagt, Papa, je mehr ich hinter die Dinge sehe, um so verrückter erscheint mir das alles. Wenn es eine feststehende Lebensaufgabe gibt, feststehende Charakterzüge, die schon bestimmen, wie ich mit Krankheit und Entwicklung umgehe, wenn in der geistigen Welt dann sowieso alles aufgelöst und geheilt ist, warum gebe ich mir dann den ganzen Mist?

Warum soll ich mich überhaupt mit den Symptomen, mit Selbstheilung beschäftigen, mein halbes Leben wieder heilen, was ich an Traumata erlebt habe, das weitergeben, wenn wir sowieso alle wieder nach Hause in die Liebe zurückkehren und es wurscht ist, was wir hier umgesetzt und geheilt haben oder auch nicht? Es spielt im Grunde doch sowieso keine Rolle, oder?

Papa: Da hast du recht. Es spielt keine Rolle. Es gibt keine Belohnung oder Trophäe dafür, wenn du Gutes tust oder dich spirituell oder als Mensch weiterentwickelst oder etwas erreichst. Bei uns ist kein Leben erfolgreicher gelebt, kein Mensch oder keine Seele besser oder schlechter. Also entspann dich mal. Du kannst dir auch alles nicht ansehen, es bleiben lassen und dein Leben nicht verwirklichen. Wenn du es kannst ...

Ich: Was meinst du mit deinem letzten Satz?

Papa: Genau das, was ich sage. Ich kenne dich. Du kannst es nicht sein lassen. Und die Menschen, die dieses Buch bis hierhin gelesen haben, auch nicht. Sie sind auf die Erde geschickt worden, damit sie dies tun – so wie du. Es braucht diese Menschen, dieses Bewusstsein.

Ich: Aber wofür denn, wenn es eh keine Rolle spielt?

Papa: Für den einzelnen Seelenaspekt spielt es aber eine Rolle. Denk an deine Hunde aus dem Tierschutz. Du hättest sie nicht retten müssen. Es spielt fürs große Ganze keine Rolle.

Es wird immer Tierquälerei auf dieser Welt geben. Wenn die Seelen der Hunde zurück in der geistigen Welt sind, erfahren auch sie – wie wir – die vollkommene Liebe und Heilung. Alles, was sie hier Schlimmes auf dieser Welt erfahren haben, löst sich auf. Es spielt keine Rolle mehr.

Und dennoch: Hättest du sie nicht retten können? Hättest du sie im Tierheim in ihrem Land sterben lassen können? Hättest du die kleine Katze Karma halb verhungert und krank auf der Straße zurücklassen können, nur weil es fürs große Ganze auf Seelenebene keine Rolle spielt? NEIN. Für dieses eine Leben, diese eine Inkarnation als Seelenaspekt spielt es DOCH eine Rolle.

Ich: Hm …

Papa: Und wenn es nur ein paar Momente erhellt, wenn es nur ein paar Tage leichter macht, nur ein paar Menschen oder Tiere glücklicher, nur das Sterben leichter, die Depression nicht mehr ganz so tief oder die Liebe ein bisschen spürbarer, dann hat es sich doch schon gelohnt!

## Verschiedene Heilungsstufen

Ich: Papa, ich beschäftige mich nun schon so viele Jahre mit Heilung und Selbstheilung. Wann bin ich denn mal fertig?

Papa: Wenn du stirbst ...

Ich: Ja danke, heißt das, ich werde immer leiden, bis ich sterbe?

Papa: Nein, das heißt, du wirst dich immer weiterentwickeln, Dinge erkennen, auflösen, in Heilung bringen, da das dein Lebensplan ist und irgendwann erkennst du, dass du auf Seelenebene schon immer heil warst.

Ich: Ich weiß, dass ich als Seele heil bin. Wie können wir das vor dem Sterben wiedererlangen?

Papa: Indem wir uns mit unserer Seele verbinden, das eigene innere Licht ausdehnen, Dinge tun, die uns vollständig fühlen lassen und nicht auf den Irrtum der Trennung hereinfallen.

Ich: Aber wenn wir jetzt im Selbstheilungsprozess sind, gibt es doch verschiedene Stufen. Und bei manchen haben wir zum Beispiel starke körperliche oder seelische Schmerzen. Was können wir dann machen?

Papa: Erkennen, dass das nur ein Aspekt von uns ist. Zuerst einmal will dieser Aspekt deine Aufmerksamkeit. Wenn etwas in einem schreit, egal auf welcher Ebene, macht es keinen Sinn, sich Ohrstöpsel zu kaufen oder versuchen, nicht hinzuhören.

Das Symptom braucht die Aufmerksamkeit, um angesehen zu werden. Dann muss man sich dem öffnen, was es einem sagen möchte und Schritte gehen, damit das Symptom leiser wird und als Letztes darf man schauen, was man neben dem Schmerz, der Krankheit und dem Symptom noch ist und sich wieder mit der Vollständigkeit verbinden. Lass uns diese drei Schritte mal in den nächsten Dialogen konkreter ansehen.

# Heilung als Prozessarbeit

Papa: Es sind nur Energien. Gehe mal von der persönlichen Geschichte komplett weg und sieh es dir mal aus der Entfernung an.

Stell dir vor, ich nehme dich mit in den Himmel. Wir sitzen auf einer Wolke über dieser Welt und schauen runter. Es sind ganz viele Seelen mit uns hier, denen es super geht. Denn hier im Himmel geht es allen gut. Es ist leicht und schön.

Dann entscheidet sich eine Seele, auf diese Welt zu inkarnieren, um Erfahrungen zu machen. Die Seele macht Erfahrungen und bringt gute und auch schlechte Dinge in diese Welt. Sie hinterlässt Spuren wie Fußabdrücke auf der Erde. Dann kehrt sie hierher zurück und fühlt sich wieder vollständig und die Welt entwickelt sich ein Stück weiter.

Von hier betrachtet ist das alles ein Spielplatz. Leid, Trauer, Wut, Schmerz sind Zustände, die man auf dieser Welt da unten erleben kann. Man kann auch Liebe, Glück und Freude erleben. Wir von hier sehen die Energieschwingungen der einzelnen Zustände und Emotionen und finden die niedrig schwingenden wie Wut und Trauer zwar ganz spannend, würden diese aber niemals wählen.

Ihr wählt sie, weil ihr sie an die Ereignisse, die euch passieren, koppelt. Ihr meint, traurig sein zu müssen, wenn jemand stirbt, wütend sein zu müssen, wenn ihr euch nicht gerecht behandelt fühlt. Das ist für uns Irrsinn. Wir sehen, wie ihr diese Emotionen wählt, weil man euch vorgelebt hat, dass ihr es fühlen sollt. Verstehst du, was ich meine?

Ich: Ja, ich verstehe schon, dass, wenn man keinen Bezug zu den Menschen hat und einen weit entfernten Blickwinkel, man hinter jedem Schicksal sehen kann, dass es aus eurer Sicht keine Rolle spielt, da wir alle irgendwann sterben und dann wieder vollkommen und glücklich sind. Aber für uns macht es einen Unterschied, was wir hier auf der Welt erleben ...

Und was ich auch nicht verstehe, wenn es eigentlich so egal ist, ob wir Gutes oder Schlechtes in die Welt bringen, warum sollten wir überhaupt inkarnieren und zweite Frage, warum entwickeln sich die Menschen und die Welt meiner Meinung nach nicht positiver weiter, wenn man sich ja auswählen kann, was man in die Welt bringen will? Warum wählen nicht alle, dass wir eine heile, gesunde, bewusste, spirituelle Welt kreieren wollen?

Papa: 1. Frage: Es gibt einen Plan von allen Menschen dahinter. Es gibt einen großen, spirituellen Plan, auch wenn du ihn nicht fühlen kannst. Wir sind so präsent und wollen, dass du und viele andere schreiben, da ihr daran glauben sollt, dass es einen Plan gibt.

Zur Zeit werden viele harte Dinge aufgeklärt, viel Leid zeigt sich, das ist gut so. Es gibt immer weniger Platz für Heimlichkeiten, Lügen und Verrat. Ich verstehe, dass du daran zweifelst, ob diese Welt überhaupt in ein paar Jahrzehnten noch Bestand hat, aber habe Vertrauen, du glaubst doch nicht wirklich, dass es keinen Plan gibt.

Denk an deine eigene Geschichte. Du hast an vielen psychosomatischen Problemen gelitten. Du wusstest immer, dass noch etwas unter der Oberfläche bei dir schlummert. Du hast begonnen, dich selbst zu heilen, obwohl du wusstest, dass es unglaublich schmerzhaft sein wird, die Erinnerungen hochzuholen. Und es wurde für dich und die ganze Familie schlimmer als jemals gedacht, aber du wusstest die ganze Zeit, dass du das machen musst, wenn du eine Chance auf ein gesundes Leben haben willst. Und es hat sich gelohnt. Deine Ängste sind größtenteils gegangen, deine Schmerzen, deine Depressionen. Du hast dich geheilt. Dasselbe passiert mit dieser Erde. Auch wenn es nicht so aussieht. Es ist alles im Plan.

Ich: Wirklich? Das kann ich kaum glauben. Wenn ich mir den Tierschutz anschaue, tut sich nichts, wenn ich die Politik ansehe, glaube ich, ich spinne, die Kinder, Frauen, Leistungsdruck, Impfpflicht, Spiritualität, Hass, Kriege, Rassismus. Ich weiß nicht, was ich noch aufzählen muss, aber da sieht es überall noch schlimm aus. Findest du nicht?

Papa: Nein, so sehe ich es nicht. Es gibt viele wundervolle Organisationen, kostbare Projekte, intelligente Menschen. Wir sind begeistert, wie viel sich die letzten drei Jahrzehnte bei euch getan hat. Es gibt immer mehrere Seiten und ihr verbreitet – besonders über die Medien – nur die schlechten Seiten, die negativen News. Wir sehen es anders. Wir sehen den Sinn in allem.

Ich: Okay, mal angenommen, du hast recht. Was braucht es oder was kann ich dazu beitragen, dass diese Inkarnation Sinn macht?

Papa: Das Erste ist, dass ihr nicht mehr vor den Schatten weglauft. Jeder Mensch hat einen anderen Schattenplan auf dieser Welt. Jeder redet immer nur vom ach so tollen Lebensplan, den er verwirklichen möchte. Etwas Großes erreichen, etwas in die Welt bringen. Aber ich sage: Ihr habt auch einen Schattenplan. Und wenn ihr den nicht zuerst klärt, wird es schwer mit dem Lebensplan.

Ich: Was um alles in der Welt habe ich mir bei meinem Schattenplan vor dieser Inkarnation nur gedacht? Habe ich gesagt: »Was habt ihr an Schmerzen und Ängsten da unten, was ich noch nicht erlebt habe? Das soll alles sein? Pack noch mal was drauf, dann nehme ich es.«

Papa: Du hast von allem was bekommen. Du hast die Stärke und Intelligenz bekommen, dich mit deinen Themen auseinanderzusetzen, du hast die Eltern und die Familie bekommen, um Liebe zu erfahren und du hast ein Paket aus Schmerz und Leiden bekommen, um diese Welt besser zu machen.

Ich: Verstehe ich nicht ganz.

Papa: Lass uns anhand deiner Schatten erklären, wie man grundsätzlich damit umgehen kann oder was man tun kann, damit sich die Schatten in Kraft und Licht wandeln können.

**1. Wo ist der Schmerz?**
Das, was dich wütend macht, was weh tut, da geht der Weg entlang. Wir alle tragen Verletzungen, Schmerzen, ungelebte Wünsche, Glaubenssätze mit uns herum. Das alles ist GEBUNDENE ENERGIE.

- Welche Themen begegnen dir immer wieder?
- Fühlst du dich immer wieder als Opfer der Umstände?

- Gibst du immer wieder die Verantwortung ab?
- Fühlst du dich ungerecht behandelt?
- Bist du schnell wütend?
- Fühlst du dich oft traurig?
- Fühlst du dich überfordert?
- Wo ist dein Schmerz?

Schreib dir:
- die Gefühle,
- dazugehörige Gedanken und
- eventuelle Körperbeschwerden im Detail auf.

Am Beispiel von dir:
- Jetzige Beschwerde: chronische Nackenschmerzen
- Analyse: Nackenschmerzen tauchen verstärkt auf, wenn etwas von mir erwartet wird. Im Urlaub sind sie fast weg.
- Assoziationen: »Mir sitzt jemand im Nacken. Ich fühle mich bedroht«
- Gefühle: Beklemmungen, Schwere, mich nicht bewegen können
- Gedanken: Überleben, Anstrengung, zusammenreißen

**2. Setze dich bequem hin, nimm dir Zeit für dich und mache die Meditation am Ende des Buches.**
Wiederhole sie bei jeder neuen Emotion oder bei jedem neuen Problem. Erkenne, wann das Thema angefangen

hat, lass dich zurücktreiben in deine Vergangenheit und benenne den Beginn oder die damit zusammenhängenden Umstände möglichst genau. Dein innerer Kompass oder auch dein inneres Kind wissen, wann es angefangen hat. Hab Vertrauen. Wenn du diesen Schritt nicht allein hinbekommst, hole dir Hilfe von einem Therapeuten oder Coach.

Am Beispiel von dir:
Das Gefühl kenne ich aus meiner Kindheit vor Prüfungen, Angst vor Blackout, Angst blöd dazustehen und ausgelacht zu werden. Begonnen hat es, als ich ca. 7 Jahre alt war. Eine Verschlimmerung trat im Alter von ca. 10 Jahren ein, nach dem Wechsel auf die weiterführende Schule. Gefühl vom inneren Kind: Angst, Unsicherheit, Wunsch in Ruhe gelassen zu werden, nach Hause wollen.

**3. Mache die Meditation *Heilung mit dem inneren Kind***, wenn es sich um ein Thema handelt, das schon in deiner Kindheit oder Jugend begonnen hat. Die Meditation *Heilung mit der geistigen Welt* hilft dir, wenn es sich um ein Thema handelt, dessen Ursprung du nicht genau kennst oder das erst im Erwachsenenalter aufgetaucht ist.

Am Beispiel von dir:
Ich habe beide Meditationen gemacht. Das innere Kind

hat sich stark gefühlt. Manches ist eine Übertragung von mir als Erwachsene gewesen. Ich habe einen Superman-Mantel bekommen und konnte in schwierigen Situationen fliegen und die Welt von oben sehen. Das Gefühl nehme ich mit in meinen Alltag und behalte das Gefühl, geschützt zu sein.

Hier noch ein Bericht von einem meiner Prozesse der Heilung der alten Themen, damit ihr noch einen Einblick in die Arbeit habt. Es lohnt sich auf jeden Fall, sich damit auseinanderzusetzen.

**Heilung von meiner sozialen Angst**
Ich hatte früher viele Ängste Menschen gegenüber:

- Angst, meine Meinung zu sagen,
- fühlte mich dominanten Menschen gegenüber ohnmächtig,
- Angst vor Bewertung und Ablehnung,
- Angst vor Menschen zu sprechen.

Ich habe mit meinem inneren Kind (5 und 7 Jahre alt) Heilarbeit geleistet und mir den damaligen Schmerz angesehen, der bis heute in einem Anteil von mir gespeichert war.

Dieser Anteil, den ich zuhause nicht wahrnahm, wurde immer sehr laut, wenn ich mit fremden Menschen zu tun hatte. Dieser Anteil wollte im Grunde etwas Gutes von mir – mich beschützen. Aber heutzutage, als Erwachsene, ist dieser Anteil überflüssig, sogar blockierend. Ich habe den Anteil wertschätzen gelernt, Heilung in das Thema gebracht, aber dann auch, in Momenten, in denen ich ihn nicht mehr brauche, weggeschickt. So wurde ich wieder handlungsfähig.

Im zweiten Schritt habe ich das alte Verhalten neu umgelernt. Ich habe mir angesehen, wie ich mich gerne in Verbindung mit fremden Menschen fühlen möchte, wie ich sein will, reden möchte und respektiert werden will und habe das zuhause in Meditationen und Visualisierungen geübt, bevor ich es in der Realität Stück für Stück umgesetzt habe.

## Selbstheilungsprozess

*»Geh du vor«, sagte die Seele zum Körper, »auf mich hört er nicht. Vielleicht hört er auf dich.« »Ich werde krank werden, dann wird er Zeit für dich haben«, sagte der Körper zur Seele.* (Ulrich Schaffer)

Ich: Papa, erkläre mir bitte die Schritte zum Selbstheilungsprozess genauer.

Papa: Gerne. Lass uns zwei verschiedene Beispiele ansehen. Erstmal ein körperliches chronisches Symptom wie ständige Rückenschmerzen. Erst geht man wahrscheinlich zum Arzt. Der stellt dann zum Beispiel eine Fehlbelastung oder eine veranlagte Fehlstellung im Rücken fest und davon Schmerzen oder Bandscheibenprobleme. Wir in der geistigen Welt kennen keine *Veranlagungen*, denn wir sehen das Energiesystem als perfekt und harmonisches Konstrukt aus Zellen, die sich ständig erneuern und auf Selbstheilung programmiert sind. Darauf kann ich gern in einem anderen Dialog noch mal tiefer eingehen.

Zurück zum Rücken. Man nimmt dann eventuell Schmerzmittel und geht zur Physiotherapie. Wenn das Symptom dann besser wird, super. Meist ist es aber so, dass bei Stress, Emotionen oder *einfach so* das Symptom wieder stärker wird oder nie ganz weg geht. Dann fängt man eventuell an, sich mit den Themen dahinter zu beschäftigen.

Wir dürfen nicht die Aura vergessen. Die Aura ist das Energiesystem des Menschen und der Körper ist die letzte Aura-Schicht, das was sich dort materialisiert, gab es vorher schon in der mentalen und/oder emotionalen Schicht.

Hinter den meisten Symptomen stecken also Gedanken und Gefühle – Erfahrungen, die nicht geheilt sind. Und der Körper ist der Ausdruck dieser nicht geheilten Themen. Der Körper wird solange Symptome produzieren, bis wir hinhören und die Themen dahinter erkennen und heilen.

Ich: Okay, das verstehe ich und kenne es selbst von meinen Prozessen. Aber reicht erkennen vom Thema zur Heilung? Und was ist, wenn ich das Thema dahinter nicht erkenne?

Papa: Erkennen und da sein lassen ist immer der erste Schritt. Wenn etwas nicht mehr weg soll, obwohl es doch da ist, kann es erst gesehen und geheilt werden. Das fällt natürlich oft schwer, gerade wenn es Schmerzen sind. Aber es ist unablässig, es im ersten Schritt mal hochkommen zu lassen.

Erkennen können wir es immer, wenn wir uns komplett dem Symptom hingeben. Die Seele und das Körperbewusstsein kommunizieren unablässig miteinander und wir dürfen still werden, um es zu verstehen. Das braucht Ruhe, Hingabe, Widerstand aufgeben und sich mit dem verbinden, was es uns sagen will. Da kann zum Beispiel eine Meditation mit dem Symptom oder mit der eigenen Intuition helfen. Wenn man es allein nicht hinbekommt, gibt es ja auch Menschen, die einen dabei unterstützen, dahinter zu sehen.

Auf deine erste Frage: Reichen tut es meist nicht. Manchmal löst sich ein Symptom auf, wenn es da sein darf und angesehen wird. Bei schweren Themen, die länger bestehen oder bei denen es mehrere Ebenen gibt, reicht es nicht. Da kommt es oft erstmal zu einer Erstverschlimmerung, da das Symptom plötzlich noch mehr Raum einnimmt. Das ist aber nicht schlimm.

Ich: Was macht man dann?

Papa: Der Körper und die Seele kennen auch die Antworten für die Heilung. Ein Symptom will einem ja nicht schaden, sondern einen auf eine Schieflage aufmerksam machen.

Im Beispiel Rückenschmerzen kann beim inneren Dialog herauskommen, dass man das Gefühl hat, jemand tritt einem in den Rücken, oder die Last, die man täglich tragen muss, ist zu schwer. Wenn man sich dann ansieht, woher diese Bilder oder Gefühle kommen, erkennt man zum Beispiel, dass man schon seit früher Kindheit das Gefühl hatte, für andere Menschen Verantwortung mitübernehmen zu müssen. Dann kam vielleicht noch ein Erlebnis hinzu, wo man wirklich im außen keine Unterstützung und viel Verantwortung hatte und das alte Thema kam als Schmerz ins Jetzt und machte sich als Symptom im Körper sichtbar.

Wenn man sich die alten Themen ansieht, aber auch fühlt, was man im Augenblick verändern muss, damit man nicht immer noch und immer wieder das alte Muster bedient, kann man aus dem Teufelskreis, der einen krank gemacht hat, aussteigen und etwas Neues, Gesundes erschaffen.

Ich: Das hört sich alles bei dir so einfach an. Oft sind doch viele Themen dahinter und man kann häufig auch nicht seinen ganzen Alltag so umändern, dass man diese Muster nicht mehr trägt.

Papa: Ja, es ist ein langer Prozess, aber jeder kleine Schritt des Erkennens und der Veränderung verändert energetisch die Schwingung der Aura und des Körpers. Kleine Schwingungsveränderungen ziehen größere Kreise, sodass sich manches auch von ganz allein verändert und verbessert, da man nicht mehr in der alten Schwingung ist.

Ich: Kannst du mir das mit der Schwingung von uns genauer erklären, bitte?

# Frequenzmuster – Energieblockaden

Papa: Die Energie deiner Seele, deiner Gedanken und Emotionen sowie dein Körper bestehen aus Schwingung. Du als Medium nimmst die Energieschwingung eines Menschen oder auch von Seelen als Farben und Frequenzen wahr, aber auch jeder andere Mensch kennt Erlebnisse, wo er spüren konnte, dass Menschen Schwingung sind. Wenn man in einen Raum kommt, wo sich Menschen gestritten haben, spürt man die Schwingung wie *dicke Luft* im Raum, die Emotionen von Trauernden an seinem eigenen Körper oder im Aufzug die Nähe der Aura eines anderen als anziehend oder abstoßend. Das alles ist reine Energie. So kann sich die Aura eines anderen Menschen als angenehm oder unangenehm anfühlen.

Auf Seelenebene sind das alles veränderte Schwingungen. Als Seelen haben wir alle eine ähnlich hoch schwingende Frequenz. Alle Babys haben bei ihrer Geburt noch diese Schwingung. Sie sind mehr Seele als Emotionen, mehr in der geistigen Welt als in dieser. Aber sie haben schon einen Körper, der Signale abgibt, wenn er nicht in Balance ist. Bei Babys merkt man so, wenn sie Hunger oder Schmerzen haben. Sie fangen an zu schreien, als direkter Ausdruck einer Disbalance der

Schwingung ihres Körpers. Je älter Kinder dann werden, umso mehr werden sie trainiert, nicht direkt auf die Schwingung ihres Körpers und ihrer Emotionen zu hören. Sich beherrschen, sich zusammenreißen, warten, Bedürfnisse unterdrücken, das wird ihnen gelehrt, aber noch viel wichtiger vorgelebt und sie ahmen es nach.

Weißt du noch, wie es war, wenn einer deiner Söhne eine Emotion komplett ausleben durfte? Die Emotion kam hoch, er hat geschrien, die Emotion hat sich entladen, im Optimalfall wurde sie befriedigt und die Emotion verschwand. Kinder können das noch. In einem Moment ist da ein riesiges Drama, im nächsten Moment lachen sie wieder. Aber eben nur, wenn nicht versucht wird, die Emotion zu unterdrücken.

Ich: Was passiert, wenn wir über Jahre trainiert wurden, Emotionen zu unterdrücken?

Papa: Es bilden sich Schichten in unserem Energiesystem aus Frequenzmustern, die niedrig schwingen, also Energieblockaden im System darstellen.

# Heilung – Ablenkung vom Wesentlichen?

Ich: Aber kann man dann nicht auch alles heilen, wenn alles Energie ist?

Papa: Theoretisch, aus Sicht der geistigen Welt, ja. Da alles Energie ist und alles im Universum auf Ausgleich und Selbsterhaltung programmiert ist. Aber es ist gar nicht immer der Sinn. Manchmal muss etwas Altes etwas Neuem Platz machen. Manchmal stirbt ein Baum, damit dort neue Pflanzen entstehen können. Manchmal macht ein Orkan alles erstmal platt, damit eine neue Flora entstehen kann. Manchmal stirbt ein Mensch, da sein Lebensplan zu Ende ist und die anderen Menschen im Umkreis entwickeln sich durch den Tod anders weiter.

Heilung existiert immer. Blockaden lösen sich immer irgendwann, ob durch außen oder im innen spielt aus Sicht der geistigen Welt keine Rolle. Alles wird immer geheilt und entsteht neu und wird wieder geheilt und entwickelt sich weiter. Ihr seid so fokussiert auf körperliche Heilung, das ist so absurd, denn dieser Körper ist ein Instrument, ein Haus, das euch sowieso nur für eine begrenzte Zeit geschenkt worden ist. Ihr könnt es nicht behalten und nicht mitnehmen, wenn ihr geht.

Der Körper ist in der Inkarnation wichtig, absolut, er ist euer Fortbewegungsmittel und euer Erfahrungsfeld. Ihr solltet ihn – so wie die Natur und diese Erde – gut behandeln, aber nutzt ihn nicht als Vorwand, euch nicht mit euren Gefühlen, eurem Bewusstsein und eurer Seele zu beschäftigen oder euch nur darüber zu definieren. Das ist immer nur Ablenkung vom Wesentlichen.

Ich: Also sind zum Beispiel angeborene Krankheiten oder tödliche Krankheiten Lebensplan und Schicksal?

Papa: Im Grunde ist doch alles Lebensplan und Schicksal. Ob jetzt eine Krankheit und diese zu heilen oder eine Krankheit und diese nicht zu heilen, das ist alles Schicksal. Alles, so wie du auf etwas reagierst oder eben nicht reagierst, ist Schicksal, da dein Charakter ja mit dieser Inkarnation schon feststeht und auch die Lebensaufgaben. Höre immer auf deine Intuition.

# Mitten im Prozess

Ich: Papa, weißt du, was mir das Schreiben gerade schwer macht? Mich langweilt gerade alles. Ich habe an tausend Themen gearbeitet, mir alte Dinge angesehen, Muster geheilt und aufgearbeitet und fühle inzwischen selbst mit meinem Trauma und Missbrauch viel Leichtigkeit. Zum einen nervt es mich aber jetzt, mich wieder im Buch mit Mangelthemen auseinanderzusetzen, zum anderen ist es so komplex, dass ich schon keine Lust habe, mit Schreiben anzufangen ...

Papa: Ja genau, das ist euer Problem als Menschen. Ihr seht nur den großen, steinigen Berg und habt schon keine Motivation, den ersten Schritt zu gehen.

Ich: Also du meinst, ein paar kleine Schritte sind besser als gar nicht loszulaufen?

Papa: Ja genau ..., der Weg zeigt sich doch oft erst, wenn man mal losgelaufen ist.

Ich: Oder es zeigen sich einfach nur noch mehr Hügel und Berge ...

Papa: Du und dein Pessimismus ...

Ich: Stimmt doch.

Papa: Dann dreh dich mal um und sehe, wie weit du schon gelaufen bist und wie viele Hügel und Berge schon hinter dir liegen. Das ist doch Wahnsinn. Was du alles schon geschafft hast. Ich bin so stolz auf dich ...

Ich: Danke Papa, das tut gut zu hören und macht mich wieder friedfertiger. Du hast recht, wenn man immer nur auf die Berge vor einem schaut, kann man schnell den Mut verlieren. Schaue ich mal nach rechts und links, sehe ich die schönen Blumen und Pflanzen, den Ausblick und wenn ich zurücksehe, sehe ich, wie weit ich schon gekommen bin.

Papa: Ja, es ist nichts dagegen einzuwenden, mal Pause zu machen, nicht immer nur vorrennen und das nächste Hindernis überwinden zu wollen. Manchmal braucht es vor allem die Wertschätzung und Würdigung von dem, was man schon erreicht hat. Man darf bei der ganzen Heilarbeit nicht das Leben und Genießen vergessen.

Ich: Da hast du sowas von recht.

# Aufgeben ist nie eine Option

Oft wusste ich nicht, wie es weitergehen sollte. Hatte ich ein Thema gelöst, tauchte ein neues auf. Beim Selbstheilungsprozess gibt es kein richtig und falsch. Niemand kann dir sagen, welche Methode bei dir zu Erfolg führt und welche nicht.

Ich habe es mir zur Gewohnheit werden lassen, immer auf meine Intuition zu hören. Das erste Gefühl zu einem Thema ist meistens das richtige. Wenn ich mich früher nicht entscheiden konnte, hat mein Vater mich immer gefragt: »Wo sind die 51 Prozent?«

Er meinte, es gibt es fast nie, dass sich eine Option zu 100 Prozent richtig oder falsch anfühlt. Man soll immer den Weg gehen, der sich nach 51 Prozent anfühlt. Und so habe ich es sowohl bei beruflichen und privaten Entscheidungen als auch bei alternativen Heilmethoden gehandhabt und ich wurde immer belohnt und war wieder einen Schritt weiter. Rückblickend hat mich jede Entscheidung gesünder und glücklicher gemacht.

Vor einigen Jahren hätte ich mir niemals ausmalen können, dass ich heute mental, psychisch und körperlich so gesund sein würde. Ich wollte oft aufgeben.

Ich bin dankbar und glücklich, dass mein innerer Motor, die Menschen in meinem Umfeld und die geistige Welt mich immer wieder angeschoben haben. Tief in mir wusste ich immer: Dieses Leben hält noch mehr für mich bereit. Und ich weiß: Für dich auch!

# Genieße den Moment

Ich: Papa, ich spüre, du bist hier und unterstützt mich zur Zeit. Magst du mir noch ein paar Tipps für mein Leben mitgeben? Was würdest du ändern, wenn du mit deinem jetzigen Wissen zurückkommen könntest? Gibt es etwas, was du anders machen würdest?

Papa: Oh ja, ich wäre ruhiger. Ich würde nicht mehr rennen, um irgendwo anzukommen. Ich würde mir Zeit lassen und den Moment mehr genießen. Ich wäre nicht mit meinen Gedanken schon bei Morgen und Übermorgen.

Ich würde nicht alles absichern. Versicherungen haben mir damals ein Gefühl von Sicherheit und Kontrolle vermittelt. Das bräuchte ich jetzt nicht mehr. Da es eine Illusion war. Ich würde immer noch dafür sorgen, dass ich Geld gut anlege, aber nicht mehr um jeden Preis alles absichern und vorsorgen wollen.

Ich wäre nicht mehr so sprunghaft und würde nicht alles konsumieren und haben wollen. Aber wenn mich etwas wirklich von Herzen begeistert, würde ich es auch wirklich umsetzen. Ich würde nicht mehr so sehr an materiellen Dingen hängen, sondern mehr an Erlebnissen und emotionalen Dingen.

Ich würde mir mehr Zeit nehmen, zuzuhören und weniger Zeit, um zu reden.

Ich: Das macht mich gerade echt traurig.

Papa: Das muss es nicht, denn ich höre dir auch jetzt zu. Ich bin ja auch jetzt bei dir. Ich würde nichts mehr aufschieben, nicht mehr warten. Ich würde heute leben und nicht ständig auf den nächsten Urlaub warten, um zu leben. Ich würde mehr singen. Zuhause, im Alltag und Scherze machen. Mich selbst nicht so ernst nehmen. Ich würde mich berühren lassen von euch, vom Leben. Ich wäre weniger stark und öfters mal schwach. Ich würde euch mehr sagen, wie wichtig ihr mir seid.

Ich: Danke, Papa. Ich spüre es. DU bist mir wichtig.

Papa: Zurück zu deiner Frage, ob ich dir Tipps geben kann für dein Leben gerade. Ich würde mal als erstes Musik anmachen. Damit fängst du jetzt an. Stell auf YouTube eine Playlist an und lass dich überraschen, welche Songs wir auswählen.

Dann schreibst du und lässt dich von uns inspirieren. Höre auf, zu nörgeln, dass dir nichts einfällt oder du schon wieder darüber nachdenkst, ob das, was du schreibst, die Leute lesen wollen. Du schreibst jetzt mit mir und nur für dich und dann schauen wir weiter.

Ich weiß, so hattest du deine Frage eigentlich nicht gemeint. Aber vielleicht geht es auch mal nicht um die großen spirituellen Fragen, um die Zukunft und um die weisen Ratschläge aus der geistigen Welt. Vielleicht ist es viel wichtiger, was du gerade jetzt in diesem Augenblick tust und wie es jetzt gerade, nur heute, dir gut gehen kann. Was meinst du?

Ich: Hm. Ja ich weiß, du hast da schon recht mit dem, was du sagst. Aber ich möchte etwas ändern, etwas verstehen, damit mein Leben glücklicher wird, ich erfolgreicher oder gesünder.

Papa: Genau das ist dein Fehler. Du bist erfolgreich. Du hast die Ziele schon längst erreicht, die du dir mal gesteckt hattest. Hör doch auf, immer mehr zu planen.

Musik unterbricht auf YouTube ständig. Sehe ich als Zeichen. Der Text ist: »Eines morgens eines Tages reibst du aus den Augen die Nacht und weißt nicht mehr woran lag es, du warst tot und bist zum Leben erwacht.« (Lied von Gitte Henning)

Papa: Gesünder sein verstehe ich. Ich mochte es auch überhaupt nicht, wenn mein Körper nicht so funktioniert hat, wie ich mir das vorgestellt habe. Und ehrlich gesagt, auch wenn ich jetzt die Hintergründe verstehe, bin ich echt froh, keine Schmerzen und keinen Körper mehr zu haben. Aber um glücklicher zu sein, geht es nur um den jetzigen Moment. Du kannst nichts tun, um in drei Wochen glücklicher zu sein. Du kannst Glücklichsein nicht planen, dir nicht vornehmen. Du kannst es nur jetzt in diesem Moment sein. Das habe ich dir ja schon im letzten Buch in unseren Dialogen gesagt.

Ich: Und wie geht es jetzt, gesund und glücklich zu sein?

Papa: Als Erstes lässt du alles weg, was dich unglücklich und krank macht und dann tust du das, was dich glücklich und gesund macht. So einfach.

Ich: Ich glaube, du bist ein Scherzkeks. Dann verrate mir mal, was würdest du tun, wenn du vor deine Krankheit, sagen wir in die Zeit um deinen 60. Geburtstag vor 9 Jahren ziemlich genau, zurückkommen könntest und dieses Wissen anwenden könntest?

Papa: Ich würde lieben, ohne Angst vor Verlusten – ohne Angst, meinen Stolz, mein Ego zu verlieren. Ich würde alles durch die Augen der Wahrheit, die Augen der Liebe sehen.

Ich: Ich spüre, was du meinst. Ich krieg gerade aber Herzschmerzen, da es mich berührt, aber das eigentlich so null zu deinen damaligen Worten oder deiner normalen Ausdrucksweise passt.

Papa: Schließe die Augen: Spüre deine Füße auf dem Boden. Nimm wahr, wie du hier geerdet und verwurzelt bist. Jetzt lässt du deine Aufmerksamkeit die Beine hoch fließen und kommst in deinem Bauch und Becken an. Da ist deine Anbindung zu deinem Ursprung, zu dem Anteil in dir, der animalisch ist und weiß, was du an rein körperlichen Bedürfnissen hast. Dort gibt es auch keine Bewertung.

Deine Energie fließt von dort höher und nimmt diese Energie mit. Sie baut sich noch mehr in deinem Körper auf. Sie fließt über deinen Magen zu deinem Herz. Die Energie dehnt sich voll mit deiner Liebe für dieses Leben in deinem Brustkorb und bis zu deinem Hals aus. Du spürst die Wärme und Geborgenheit.

Lass nun diese Energie in dein Kehlchakra fließen und spüre mich, der hinter dir steht und über deinen Nacken mit dir kommuniziert. Spürst du meine Unterstützung und wie ich dir den Rücken stärke?

Nun nimmst du all die Energie deiner animalischen Kraft, deines liebenden Herzens und der Unterstützung von uns aus der geistigen Welt und lässt das alles in deinen Kopf fließen. Verweile hier kurz, auch wenn du das Gefühl hast, es wäre zu viel Druck im Kopf. Das aktiviert die Zirbeldrüse, das dritte Auge und alle Hormone, die du für dein Glücklichsein brauchst, meine Liebe.

Und jetzt lässt du diese gesamte Energie durch deinen Scheitel fließen. Zudem kommt aus dem Universum und von deiner Seele noch ein Lichtstrahl bis zu deinem Scheitel nach unten. Die Energie verbindet sich und fließt jetzt in deiner Aura hinab, bis sie wieder in deinen Füßen ankommt und der Kreislauf wieder von vorn beginnt.

Ich: DANKE!

# Höherer Blickwinkel

Nimm mich mit zu den Sternen
und lass mich mein Leben aus
deinen Augen sehen.

# Weitergeben von Themen

Ich habe im letzten Jahr so viel getan, angesehen und geheilt und jetzt ...? Ich liege seit vier Wochen mehr oder weniger krank da. Alles, was ich versucht habe, funktioniert nicht.

Ich habe die Themen angesehen, ich habe sehr viele Naturheilmittel genommen, Heilmeditationen gemacht, meinem Körper Ruhe gegönnt, habe mich dem hingegeben, habe dagegen angekämpft und weitergemacht. Egal was, jeder Versuch hat nichts verändert.

Ich wache auf und fühle mich völlig fertig. Mein ganzer Körper tut weh, mein Immunsystem kämpft, alles ist zu anstrengend und die letzten Tage merke ich, dass meine Psyche nicht mehr positiv denken kann. Dass die körperliche Schwäche mich in dunkle Tiefen hinabzieht. Die alten, bekannten Depressionen und die Sinnlosigkeit kommen gefährlich nah. Seit ich 13 bin, seit bald 30 Jahren muss ich mich mit Selbstheilung beschäftigen, seit über 17 Jahren jetzt mit meiner Geschichte, ich bin es so leid. Ich mag nicht mehr.

Heute war auch energetisch ein seltsamer Tag. Nichts funktionierte und mein Sohn Liam spiegelte mir diese Energie noch zusätzlich. Immer wenn es mir nicht gut geht, wird mein Sohn unruhig, wütend und aggressiv. Das war schon in seiner frühesten Kindheit so. Egal wie gut ich es versteckte, er spürte immer, wenn diese große Schwärze mich wieder einnahm und rebellierte. Und auch heute merke ich es wieder. Sein Motorrad funktionierte nicht und er ist ausgerastet. Jetzt liege ich auf dem Bett und Liam stürmt in mein Zimmer und ruft, dass er den Toaster nun auch noch kaputt gemacht hat und dass alles scheiße ist. Normal ziehen mich sein Verhalten und seine Aggression in solchen Momenten noch mehr runter und ich fühle mich noch kraftloser. Doch plötzlich ist etwas anders. Ich sehe ganz klar die Verbindungen aus der Vergangenheit zu ihm.

Mein geistiges Team sagt: »Deine Energie ist es, die ihn blockiert.« Sie sagen es ohne Vorwürfe und zeigen mir unsere Ahnenlinie, die die Gewalt und den Missbrauch durch viele Generationen trägt.

Und ich fühle plötzlich eine Wut in mir auf diese Männer, die mein Leben so leidvoll gemacht haben und spüre eine Liebe zu meinen Kindern und ich sage in Gedanken: »Wenn es das Letzte ist, was ich mache, aber ich lasse nicht zu, dass diese Männer auch das Leben und die Zukunft meiner Kinder zerstören. Jetzt ist Schluss. Und wenn ich jeden Tag nur dafür aufstehe, um meinen Kindern zu zeigen, dass das Leben lebenswert ist, dann habe ich das Familienmuster des Opferdaseins und des Leidens durchbrochen. Meine Mutter war nicht in der Lage dazu, mich davor zu schützen und ist es heute noch nicht, diese Linie nicht weiterzugeben. Vielleicht werde ich nie frei von meinen Schmerzen sein, aber ich lasse nicht zu, dass meine Kinder genauso leiden.«

Mein Geistführer zeigte mir ein Bild von mir als 7-jähriges Mädchen. Ich stand vor einem großen Spiegel und sah hinein und das Einzige, was ich sah, war ein großes Branding – ein

Stempel, eingebrannt in die Haut auf meinem linken Arm, der aussah wie eine Art Strichcode und sehr weh tat. Ich starrte immer auf den Stempel, der nie wieder weggehen würde und fühlte mich verunstaltet, hässlich und nicht liebenswert.

Mein Geistführer stand neben mir und sagte: »Sieh dich an. Sieh alles an dir. Siehst du dein wunderschönes Gesicht, deine Haare, deinen Körper, dein schickes Kleid? Sieh, was du alles hast und was sie dir nicht nehmen konnten.

Ja, der Stempel auf deinem Arm ist da. Du kannst ihn verschönern, indem du eine Blume herum malst, du kannst ihn ab und an durch ein langärmliges Kleid verdecken, du kannst ihn aber auch zeigen und erklären, was dir angetan wurde, je nachdem, wonach dir ist. Aber bitte lass ihn nicht so groß werden, dass er deinen ganzen Körper verdeckt. Er ist nur an einer Stelle von dir, der ganze andere Rest ist heil.

Du hast alles, was du benötigst, um ein glückliches Leben zu führen. Und bitte lass nicht zu, dass du deinen Kindern dieses Branding auch verpasst. Sieh deine Vorfahren, sie haben auch diesen Stempel, das heißt dennoch nicht, dass du zu ihnen gehörst und so leiden musst wie sie. Es heißt nur, dass du etwas mitgegeben bekommen hast, was du nie wolltest. Das, was du erlebt hast, ist grausam und es wird dein Leben für immer prägen, aber lasse nicht zu, dass du es weitergibst. Du bist imstande, das hier zu beenden, indem du akzeptierst, dass der Stempel da ist und dich auf das, was Wundervolles noch da ist, konzentrierst.«

Ich machte die Augen auf und spürte eine Kraft mich durchströmen, die mich zutiefst berührte. Das, was mir geschehen ist, lag nicht in meiner Macht. Aber das, was ich meinen Kindern weitergebe, das tut es. Und ich werde nicht zulassen, dass sie so leiden, wie ich es tat und immer noch tue.

# Familienmuster und übernommene Themen

Ich: Hallo Papa, ich komme immer wieder mal an meine Grenzen mit Themen, bei denen ich spüre, dass nicht ich der Ursprung bin, sondern sie schon von früheren Generationen her stammen. Ist es nicht so, dass durch die Felder, in denen wir leben, wir auch Themen unserer Ahnen tragen?

Papa: Ja, definitiv. Jedes Baby wird in ein energetisches Feld geboren. Das Feld besteht aus den Themen der Eltern und Familienmitglieder. Weniger intensiv, aber auch aus den Feldern der Gesellschaft und des Ortes und des Landes, in das es geboren wird.

Am stärksten sind die Familienfelder, die auf die eigene Energie einwirken. Diese Felder werden thematisch oft von Generation zu Generation weitergegeben und enthalten ethische Werte, Erziehung, Traumata, Denkmuster und Blockaden, aber natürlich auch Liebe, Familiensinn, Sicherheit und Geborgenheit, je nachdem, welche Themen in den Familien auch karmisch gespeichert sind. So ist jeder Mensch nicht nur geprägt durch seinen Lebensplan, sondern auch durch die Erfahrungen und Aufgaben aller Familienmitglieder und Ahnen voriger Generationen.

Ich: Das heißt, die meisten Menschen tragen auch die Kriegstraumata noch energetisch mit sich?

Papa: Ja, daher sind auch Angstzustände, Unsicherheiten und Panik in euren Generationen noch so verbreitet, da heutige Themen diese alten übernommenen Kriegsmuster triggern.

Ich: Aber heißt das, dass wir dann Opfer der vorigen Generationen sind oder können wir jetzt irgendetwas für die Heilung dieser alten Themen tun?

Papa: Oh ja, alles, was sich zeigt, ist auch im Hier und Jetzt heilbar. Wenn es sich bei euch als Angst, Problem, Thema zeigt, betrifft es euch auch. Nicht alle Themen der Ahnen tauchen nochmals in den folgenden Generationen auf. Nur die, die jetzt auch heilbar sind.

Ich: Was macht man dann?

Papa: Man sieht sich sein Thema an, wie wir es auch besprochen haben. Und wenn man erkennt, dass zum Beispiel ein Elternteil oder die Großeltern schon dieses Thema hatten, kann man energetisch diese Verbindung trennen und ihnen ihre Verantwortung für den Teil des übernommenen Themas zurückgeben.

Am besten geht das in einem leicht veränderten Bewusstseinszustand, also entweder mit Unterstützung eines Coaches, wie ein Hypno-Coach oder eine Familienaufstellung oder selbst in einer Meditation mit der geistigen Welt und den Ahnen. Dann löst man rückwirkend dieses Thema energetisch von seiner Lebensaufgabe.

Ich: Danke dir. Was sind unsere übernommenen Familienthemen?

Papa: Bei uns waren energetisch viele Jahrzehnte das Missbrauchsthema bzw. in meiner Ahnenstruktur Macht und Ohnmacht gespeichert. Auch waren das Gerechtigkeitsthema und – in der Struktur deiner Mutter – die Suchtthematik gespeichert.

Durch deine jahrelange Heilarbeit hast du diese Themen aber größtenteils für nächste Generationen aufgelöst. Deine Kinder und Enkelkinder werden die Suchtthematik und auch die Missbrauchsthematik nicht mittragen.

Die Gerechtigkeitsthematik wurde aber durch deren Lebensaufgabe plus die Situation mit der Corona-Zeit wieder neu aktiviert. Das ist eine ihrer Aufgaben. Du kannst sie dabei auch schon jetzt unterstützen, indem du für dich auf Ehrlichkeit, Gerechtigkeit und offene Kommunikation sowie Grenzen setzen achtest.

Ich: Danke, das versuche ich.

## Heilungsschwingung

Ich: Mir fällt nichts mehr ein, über das ich schreiben möchte ...

Papa: Weil es nicht in deinem Kopf stattfinden darf. Du kannst über unsere Dialoge nicht nachdenken. Du musst dein Herz öffnen, dich mit mir verbinden, auf meine Frequenz wechseln und schon schreiben die Worte sich wie von selbst ...

Ich: Oh, das ist spannend ... was schreiben sie denn?

Papa: Sie schreiben von dem Ort in dir, der heil ist. Dein *Seelenort*, das, was du in Wirklichkeit bist. In Meditationen sagst du den Teilnehmern oft: »Verbinde dich mit dem inneren Licht, deinem Seelenkern und lasse dieses Licht in deinen Körper und in deine Aura fließen. Das ist das, was du in Wirklichkeit bist.« Darum geht es bei Heilung. Diesen Ort, dieses Licht, diese Anbindung zur Seele größer werden zu lassen bzw. eher den ganzen anderen Kram zur Ruhe zu bringen.

Die Konzentration auf Emotionen, Gedanken, Probleme, Schmerzen, das bringt Leiden, das bringt dich weg von deiner heilen Seele. Daher kann Meditation heilend wirken. Da der Mensch sich wieder seiner ruhigen, vollkommenen Seele bewusst wird. Es ist eine Rückerinnerung an das, was wir alle sind und schon immer waren.

Ich: Und das verändert unsere Schwingung und macht Heilprozesse möglich?

Papa: Ja, so ist es.

Ich: Aber man kann ja nicht den ganzen Tag meditieren.

Papa: Nein, am Anfang zum Spüren dieser Energie und auch in stressigen Zeiten helfen diese Meditationen, aber Ziel ist es eigentlich, diese Grundschwingung im Alltag ohne Meditation, nur durch den Fokus darauf, schnell wählen und halten zu können.

Ich: Was bringt mich denn von dieser Schwingung weg,

wenn es doch eigentlich der Grundzustand von uns als Seelen ist?

Papa: Sorgen, Wut, Angst, Diskussionen mit Menschen, die anstrengend sind, etwas anders haben wollen, als es ist, Kontrolle in seinem Leben haben wollen, alter Schmerz ...

Das sind alles Schwingungen und Frequenzen, die uns trennen. Das heißt nicht, dass wir diese vermeiden sollen. Es heißt nur, dass wir nach solcher Schwingung Ruhe, Zeit für uns, positive Energie, Leichtigkeit und Meditation benötigen, um uns mit den Dingen nicht mehr zu 100 Prozent zu identifizieren und uns als was anderes, als den heilen Seelenkern wieder empfinden.

Ich: Was ist, wenn man das nie empfinden kann?

Papa: Das kenne ich nicht. Jeder Mensch ist das. Manche haben es nur vergessen. Sie sollen das machen, was ihnen das Gefühl von innerem Frieden, Leichtigkeit, Begeisterung bringt und sich in dieser Situation auf ihr inneres Licht oder ihre Seele konzentrieren. Dann kommt die Erinnerung daran zurück, dass sie dies in Wirklichkeit sind und schon immer waren.

Ich: Du meinst, jeder Mensch kann sich daran wieder erinnern?

Papa: Ja, alle konnten es als Kind noch und auch in Momenten der Liebe oder Leichtigkeit passiert das automatisch. Es ist, als würde die Zeit stehen bleiben. Da wir als Seelen auch zeitlos sind und unsere Seelen das wissen. Jeder kennt das. Und weil es jeder tief in sich kennt, hat auch jeder die Möglichkeit, dies im Alltag wieder zu erleben und dem mehr und mehr Raum zu geben.

Ich: Gibt es da nicht irgendeinen Trick oder eine Übung, die ich den Menschen mitgeben kann, damit es ihnen leichter fällt, diesen Zustand einzunehmen?

Papa: Wenn es den gäbe, wären bereits alle Menschen süchtig danach und würden dies immer wieder tun. Der Trick wäre längst weltberühmt. Frag doch mal Menschen, wie sie in den Zustand kommen.

Ich: Mein Mann sagt, kurz vor dem Einschlafen oder auch während der Meditation und in manchen Momenten, in denen er etwas erfolgreich abgeschlossen hat, spürt er es. Ich fühle es, wenn ich an meine Kindheit und die Begeisterung bei kleinen Dingen denke. Manche sagen, wenn sie Kinder beobachten, die völlig im Spielen aufgehen oder wenn sie Tiere in der Natur beobachten.

Papa: Siehst du, jeder hat einen anderen Zugang, doch das Gefühl ist dasselbe. Der Schlüssel, der den eigenen Panzer aufschließt und das Licht hineinlässt, ist individuell.

# Zeit und Heilung

Alte Muster tauchen in dem Moment auf, in dem sie bereit sind, geheilt zu werden.

Ich: Papa, manche Menschen haben immer mit wiederkehrenden Themen und Problemen zu tun. Warum ist das so?

Papa: Ein Symptom oder Problem zeigt sich so oft und so lange, bis es verstanden und gelöst wurde. Wenn es sich zeigt, ist es auch an der Zeit, es zu heilen.

Ich: Also, wenn wir zum Bespiel Streit und Missgunst in einer Freundschaft haben und diese dann auseinander geht, wir dann ein paar Monate oder Jahre später in einer anderen Freundschaft wieder das Thema Missgunst und Streit haben, heißt das dann, dass das Thema dahinter nicht geheilt ist?

Papa: Ja genau. Wenn wir nur die Freundschaft beendet haben, ist eventuell nicht das Thema nur Grenzen setzen und für sich einstehen gewesen, sondern dahinter steht zum Beispiel noch das Thema Ungerechtigkeit, nicht anerkannt werden und Selbstliebe, das sich durch die erneute stressige Freundschaft wieder zeigt. Wir ziehen so lange dieselben Probleme an, bis wir die Lernaufgabe darin verstanden haben.

Ich: Wie versteht man die Lernaufgabe darin?

Papa: Indem man sich den Schmerz darin ansieht. Indem man in die Stille mit seiner Seele und der Unterstützung der geistigen Welt geht (eventuell auch mithilfe eines Mediums oder Coaches) und erkennt, was das Thema einem sagen möchte. Meist stammen diese Resonanzthemen aus der Kindheit.

Fragen, die helfen können, sind:

- Wann habe ich mich das erste Mal so gefühlt?
- Wie alt bin ich mit diesem Gefühl?
- Woher kommt mir das bekannt vor?
- Wie kann ich es noch nennen?
- Was will dieses Gefühl von mir?
- Wo ist das Potenzial davon?

Ich: Können wir es mal an einem Beispiel verdeutlichen?

Papa: Gerne. Nehmen wir eine Situation mit einer Kollegin vor einiger Zeit mit dir. Die Ausgangssituation war, dass du dich ungerecht behandelt gefühlt hast. Dass von ihrer Seite Aussagen kamen, die dir das Gefühl gaben, sie will nur zu ihrem Vorteil die Kooperation mit dir und nutzt dich aus. Du warst zuerst nicht in der Lage, es nicht persönlich zu nehmen. Du fühltest dich klein, hattest sofort den Impuls, dich nie wieder bei ihr zu melden und die Kooperation sofort zu beenden. Das hätte vielleicht kurzfristig das Problem gelöst. Aber du hättest wohl über kurz oder lang eine ähnliche Situation angezogen.

Lass uns das mal durchspielen, als wäre es jetzt gerade. Ich stelle dir die Fragen, du gehst in einen ruhigen Gemütszustand – ähnlich einer Meditation – und antwortest nur intuitiv auf meine Fragen, okay?

Ich: Gerne.

Papa: Verdeutliche die Situation und alle unangenehmen Gefühle, die es in dir ausgelöst hat. Wie fühlst du dich?

Ich: Ich fühle mich blöd, klein, unfähig, klar zu denken oder zu kommunizieren. Ich will nur weg und will, dass die Situation sich nicht so schrecklich anfühlt.

Papa: Gut. Wann hast du dich das erste Mal so gefühlt? Und wie alt bist du mit diesem Gefühl?

Ich: Weiß ich nicht genau. Oft schon. Ich fühle mich nicht ernst genommen. Ich habe gute Argumente. Die werden gar nicht gehört. Ich fühle mich überhört und klein gemacht. Ich denke, ich bin 8 bis 10 Jahre mit diesem Gefühl. Ich versuche, mich zu rechtfertigen, da ich ja weiß, dass ich recht habe. Ich sehe meinen Vater, der immer seine eigene Wahrheit hat. Ich sehe Schulsituationen mit einer Freundin, die mir auch nicht zuhört und über mich lacht. Ich sehe Streit zwischen meinen Eltern, den ich als überflüssig und sehr belastend empfinde und wo ich auch überhört werde.

Papa: Gut, auch wenn es mit mir zu tun hat und mir das leid tut, machst du das super. Ich spüre, wie ich gerade nicht mit dir als 42-jährige Frau schreibe, sondern mit einem kleinen verletzten Kind. Kannst du das auch fühlen?

Ich: Ja, ich fühle es. Es macht mich traurig und hilflos.

Papa: Das ist gut, auch wenn es unangenehm ist. Du machst das gut. Wenn es kaum aushaltbar ist, dich so zu fühlen, mache dir bewusst, dass dieses innere Kind deine Liebe jetzt braucht. Dass du das alles schon überlebt hast und dass es gut ist, dass es sich jetzt nochmals so präsent zeigt.

Machen wir weiter: Wie kannst du diese Gefühle noch nennen?

Ich: Keine Berechtigung, meine Meinung zu sagen, keinen Wert haben, keinen Platz in der Welt haben, nicht sprechen können, mich nicht sicher fühlen ...

Papa: Okay, was will dieses Gefühl jetzt von dir? Was braucht das 8 bis 10-jährige Mädchen?

Ich: Es braucht Halt, Liebe und dass ihm zugehört wird. Wertschätzung und Achtung.

Papa: Gut, kannst du bitte als erwachsene Frau diesem inneren Anteil sagen, dass du es hörst, dass du jetzt da bist, um zuzuhören und dass dieser Anteil wichtig und wertvoll ist?

Ich: Okay, ich versuche es.

Papa: Wie geht es dir jetzt?

Ich: Ruhiger, ich fühle mich leichter. Und ich fühle mich nicht mehr so klein.

Papa: Gut. Was braucht dieser Anteil und dieses Gefühl im Alltag bei dir, dass es nicht so laut um Hilfe und Achtung rufen muss?

Ich: Dass ich klarer meine Gefühle ausdrücke, auch auf die Gefahr hin, nicht verstanden oder ernst genommen zu werden. Dass ich mehr Selbstliebe und Selbstachtung mir selbst gegenüber erbringe. Dass ich mir selbst die Sicherheit gebe, dass ich mich nicht im Stich lasse, wenn Schwierigkeiten kommen, dass ich mich selbst achte, auch wenn es andere vielleicht nicht tun. Dass ich Grenzen in der Kommunikation setze und es aushalte, wenn es sich unangenehm anfühlt, anstatt zu flüchten.

Papa: Super, das ist doch schon echt viel. Mache diese Übung noch ein paar Mal und du wirst merken, dass vielleicht noch ein paar mehr Aspekte zum Vorschein kommen und auch Ideen, wie du das im Alltag umsetzen kannst. Wie zum Beispiel, dass du dir bei schwierigen Telefonaten oder E-Mails Bedenkzeit einräumst und nicht aus der ersten Emotion heraus antwortest oder dass du diesem inneren Kind-Anteil vor solchen Gesprächen einen sicheren Raum visualisierst, sodass dieser Anteil sich nicht ins Gespräch einmischt.

Ich: Danke, das werde ich ausprobieren.

## Sinn des Leidens dieser Inkarnation

Ich: Hallo Papa, kann man sich überhaupt vor Krankheiten schützen? Warum gibt es in der geistigen Welt keine Krankheiten?

Papa: Man kann sich nicht vor Krankheiten schützen. Denk mal an kleine Kinder. Sie bekommen Krankheiten als Entwicklungsmöglichkeiten. Früher waren Kinderkrankheiten mal etwas Gutes. Man wusste, wenn ein

Kind eine Krankheit hinter sich hatte, hat es einen Entwicklungsschub gemacht. Es ist gewachsen, konnte neue Sätze sprechen oder wirkte plötzlich erwachsener. Es hat diesen Rückzug gebraucht, um Kräfte zu sammeln und dann wieder weiterzugehen.

Wenn man dem Kind immer mehr Raum zum Erholen, Verarbeiten und Wachsen geben würde, würden weniger Kinder Krankheiten brauchen. Und wenn man die Krankheit mit Medikamenten unterdrückt, finden die Entwicklungsphasen nicht so positiv und gut statt.

Bei den Erwachsenen ist es ähnlich. Auch die Erwachsenen brauchen von Zeit zu Zeit Phasen des Rückzugs und der Ruhe, um dann wieder neue Denkweisen, Ideen, Lebenskonzepte umsetzen zu können. Wird das unterbunden, kommt es zu chronischen Krankheiten. Nimmt man sich Auszeiten, lebt ein Leben in Balance, braucht man weniger Krankheiten. Das sieht man ja auch an Menschen, die ein Leben im Einklang mit sich selbst und der Natur führen. Diese sind weniger oft und weniger schwer krank als Menschen in den westlichen Zivilisationen.

In der geistigen Welt existiert Krankheit überhaupt nicht, da wir bedingungslos ehrlich zu uns selbst sind. Wir können nichts verdrängen oder unterdrücken. Alles ist offensichtlich. Wir machen unsere Entwicklungsphasen ganz automatisch, ohne dass wir es forcieren oder behindern können.

Ich: Das ist interessant. Warum können wir es hier nicht ganz automatisch machen? Wer hat damit aufgehört oder welchen Sinn gibt es darin, dass wir es nicht mehr können?

Papa: Der Sinn ist das Leiden. Dies gibt es nur in den Inkarnationen auf dieser Welt. Das unterscheidet euch von anderen Lebenssystemen und der Seelenebene der geistigen Welt. Das Leiden bei euch hat den Wert der Selbsterkenntnis. Durch das Leiden, das ihr beim Inkarnieren auf diese Welt gewählt habt, habt ihr euch entschieden, euch von euch selbst, euren Mitmenschen, teilweise eurem Körper und euren Emotionen, eurer Seelenherkunft und von der Natur getrennt zu fühlen. Dieses Getrenntsein-Gefühl verursacht all euer Leiden.

Ich: Warum sollte man das freiwillig wählen? Warum sollten wir freiwillig wählen, uns getrennt zu fühlen und zu leiden, wo wir uns davor und danach ja wieder vollständig und heil fühlen und nicht leiden und in der geistigen Welt glücklich sind?

Papa: Das ist wohl die alles entscheidende Frage. Alle Antworten, die ich dir darauf geben könnte, würden dir nicht reichen. Menschen haben geschrieben, dass es ein

Lern- und Erfahrungsfeld ist. Aber warum sollte man das erfahren wollen? Manche sagen, dass es um ein kollektives Thema der Menschheit dahinter geht, aber warum das alles?

Ich: Was ist deine ganz persönliche Antwort? Du warst hier. Warum hattest du persönlich dieses Leiden gewählt?

Papa: Wegen euch. In der geistigen Welt ist man mit allen anderen Seelenaspekten gleichwertig verbunden. Wir spüren überall die Liebe und die Verbindung. Es gibt keine Trennung, aber es gibt auch kein meins, deins usw.

Ich durfte euch begleiten. Ich durfte die Liebe zu meinen Kindern spüren. Ich durfte etwas in den Herzen von Menschen hinterlassen, sodass sie auch noch nach Jahren an mich denken. Das ist jedes Leiden wert gewesen.

Ich: Also geht es hier auf dieser Welt nur um die Liebe? Und bist du nicht als Seele sowieso Liebe? Was ist der Unterschied zur Liebe dieser Welt?

Papa: Ich bin erst durch die Liebe, die ich durch diese leidvolle Inkarnation hatte, die Liebe, die ich hier und jetzt bin. Wenn du in diesem Leiden die Liebe entdeckst, das ist es, worum es wirklich geht. Das ist es zumindest für mich. Diese Inkarnation auf der Erde ist wie eine Initiierung. Als Seelenaspekt wählst du nur ein einziges Mal die Erde. Einmal Leiden und Liebe in ihrer existenziellsten Form erleben.

Ich: Was ist mit Menschen, die vielleicht auf dieser Welt keine Liebe bekommen oder spüren, die keine Kinder in die Welt bringen und allein sterben?

Papa: Jeder spürt in der Inkarnation auf dieser Welt die Liebe. Es ist dabei irrelevant, ob es die Liebe der Eltern, eines Partners, der eigenen Kinder, von Tieren oder Freunden oder zur Natur ist. Die Liebe hier ist einmalig und lässt sich nur in dieser Inkarnation in dieser Tiefe durch die Erfahrungen des Leidens und des Getrenntseins so spüren.

Ich: Es kommt mir so vor, als ob im Moment des Todes dich jemand fragen wird: »Wie viel hast du gelitten? Wie viel mehr hast du geliebt?«

Papa: Das ist ein schönes Bild und ich kann vom Gefühl da absolut mitgehen.

Ich: Also sollte man sich im Leben immer wieder fragen: Was liebe ich? Wie kann ich noch mehr lieben?

Papa: Jeden Tag!

# Sinn des Leidens dieser Inkarnation – Teil 2

Ich: Du hast im letzten Dialog gesagt, dass die Inkarnation auf die Erde eine einmalige Sache ist und du hast den Begriff Initiierung verwendet. Wie meinst du das?

Papa: Ich erkläre dir jetzt etwas, aber es wird deinen bisherigen Glauben sprengen: Ich – als Seelenaspekt deines Vaters – habe nur einmal auf dieser Welt inkarniert und werde nie wieder dort inkarnieren. Ich stamme aus einem Meer von tausenden Seelenaspekten. Ich wählte die Erde, um mich getrennt zu fühlen, zu leiden und zu lieben. Freiwillig geht danach keine Seele mehr auf die Erde zurück. Das ist auch der Grund, warum auf der Welt die Menschheit sich auf spiritueller Ebene nicht wirklich entwickelt, warum das Spiel aus Krankheit, Krieg, Leid immer noch, auch nach Jahrhunderten, gespielt wird. Es geht nicht um Heilung auf der Erde. Es wird immer die Dualität dort geben, 50 Prozent Krieg, 50 Prozent Frieden, 50 Prozent Liebe, 50 Prozent Hass. So ist diese Erde aufgebaut und in Balance.

Wenn du als Seelenaspekt die Erde hinter dir hast, kannst du andere Galaxien und Lebenssysteme wählen, um Fortschritte zu machen, um wirklich etwas zu bewirken und dich zu verwirklichen. Die Erde ist die Initiierung, sozusagen die Himmel-Hölle, der Start für den Seelenprozess.

Ich: Aber Papa, das kann ich so doch nicht schreiben und veröffentlichen. Zum einen erklären mich viele für verrückt, die gerne einen tieferen Sinn in dieser Inkarnation sehen wollen, zum anderen werden manche sagen, dann kann man sich ja gleich umbringen und diese Inkarnation umgehen. Was sagst du zu den zwei Aspekten?

Papa: Ich möchte dich nicht frustrieren. Sehe es doch mal andersherum. Wie entspannend ist denn, zu realisieren, dass du auf dieser Welt nichts erreichen oder leisten musst. Dass es bei der Erde um Erfahrung dessen geht, was du liebst. Und dass du nicht noch mal leiden wirst. Wie klein erscheinen dann die Jahre des Leidens und Liebens im Vergleich zu den Inkarnationen, die du danach noch wählen kannst, und der Ewigkeit. Ihr habt, so wie ich damals, diese Erde gewählt, da ihr bereit dazu seid, da ihr diese Erfahrungen machen wolltet, also nehmt sie mit, erlebt sie in aller Tiefe, das wird euch prägen und ausmachen und ihr müsst es nicht noch mal erleben.

Ich: Aber gibt es dann gar keine Ursprungsseele? Sind es tausende Aspekte wie Wassertropfen eines Meeres? Und wenn ein Aspekt nie wieder hier inkarniert, müssten es ja dann immer neue Aspekte sein und immer wieder neue Anteile auf diese Welt kommen? Werden die dann neu produziert und wie viele gibt es noch? Und was ist dann mit Rückführungen: Da erlebt man sich selbst doch in einem vorigen Leben?

Papa: Also, die letzte Frage zuerst. Bei Rückführungen bekommt man einen Seelenaspekt und dessen Leben gezeigt, was von den Lernaufgaben mit dem eigenen Leben zusammenhängt. Man sieht EIN ANDERES LEBEN eines ANDEREN SEELENASPEKTES, aus dem man für das eigene lernen kann. Es ist nicht DEIN vorheriges Leben. Aber alle Seelenaspekte, alle Wassertropfen gehören zu dem einen großen Meer. Es gibt nicht viele Seelen, sondern, wenn du es so ausdrücken willst, eine. Es gibt auch nur ein Universum, ein Bewusstsein, einen Himmel usw. Alles ist letzten Endes EINS.

Und ja, es gibt Tausende und Abertausende. Sieh dir das Universum an. Wie viele Sterne gibt es wohl? Und dennoch ist es eins und alles gehört zusammen. Und ich verstehe, dass ihr es nicht gänzlich verstehen könnt. Ihr müsst euch als Individuum wahrnehmen und eure Verstorbenen auch, sonst würde sich ja allein in eurer Vorstellung alles auflösen und vieles an Wert verlieren. Für uns gewinnt es aber an Wert, da es keine Trennung, wie bei euch, in Wirklichkeit gibt.

# Meine persönliche Meinung zu Wiedergeburt

Früher als Kind habe ich oft gesagt: »Ich war schon so oft auf dieser Welt«. Ich fühlte, dass ich schon viele Inkarnationen gelebt hatte und war manchmal genervt davon, warum ich dieses Leben hier noch mal leben muss. Ich fühle mich ein wenig wie ein Alien auf dieser Welt und verstand nicht, warum Menschen sich immer noch schaden und über Nichtigkeiten aufregen. Ich fand diese Welt anstrengend und verstand nicht, warum ich hier war. Ich spürte, dass meine Seelenheimat woanders ist.

Später, als ich anfing, mich mit Spiritualität zu beschäftigen, las ich verschiedene Bücher, auch zu Religionen und ihrer Meinung zu Reinkarnation. Die Ansicht, man muss mehrere Inkarnationen durchlaufen und Prüfungen bestehen, um irgendwann ins Nirwana zu kommen und andere Ansichten zu verschiedenen Ebenen und Entwicklungsstufen fand ich befremdlich. Ich hatte nicht das Gefühl, dass manche Seelen besser oder weiter sind. Und doch sagten mir manche Erwachsene als Kind, dass ich eine alte Seele sei. Ich mochte das nicht, da ich mich immer fragte, warum ich dann nicht fertig sei und was ich noch alles ertragen müsse.

Später in meiner Ausbildung merkte ich dann im Kontakt mit verstorbenen Menschen, dass es für mich kein Unterschied in der Kommunikation machte, ob jemand erst seit zwei Wochen verstorben war oder bereits seit vierzig Jahren. Ich konnte zu jeder Seele genauso gut einen Kontakt herstellen. Also konnte die Theorie der einen Seele, die wiedergeboren wird, nicht stimmen. Sonst könnte ich zu dieser Seele ja nach einiger Zeit keinen Kontakt mehr herstellen.

Ich hörte von der Theorie der Seelenaspekte, die besagt, dass eine Seele mehrere Aspekte hat, die als einzelne Leben hier auf die Erde kommen, die sich autark fühlen und alle das Wissen der vorigen Seelenaspekte, die schon mal inkarniert waren, in sich tragen, aber alle verschiedene Erfahrungen machen und somit die Ursprungsseele sich weiterentwickelt. Das machte für mich mehr Sinn. Denn auch bei Rückführungen bekommt man einzelne Leben gezeigt, die Sinn machen für die eigene Inkarnation, sieht aber nie alle Leben. Und so würde auch der eine verstorbene Seelenaspekt in der geistigen Welt noch kontaktierbar sein, auch wenn längst ein weiterer Seelenaspekt schon wieder auf dieser Welt inkarniert ist.

Mein Vater hat im letzten Dialog gesagt, dass kein Seelenaspekt diese Welt noch einmal wählen würde. Dass jeder Seelenaspekt einmal sozusagen als Initiierung, also wie ein Aufnahmeritual, diese Welt und diese Inkarnation wählt und danach andere Universen und Lebensformen folgen. Auch wenn ich vor diesem Dialog überhaupt nicht dieser Meinung war, hat mich seine Sicht so berührt, weil ich es spüren konnte, was er sagte, dass sich meine Meinung langfristig verändert hat. Ich denke, er hat recht.

Ich – als Nina – bin verbunden mit allen Seelenaspekten, die schon mal gelebt und ihre Erfahrungen gemacht haben. Keiner davon würde aber diese Welt mit all ihrem Leiden nochmals wählen. Und ich ehrlich gesagt auch nicht. Es fühlte sich für mich unglaublich befreiend an, seine Worte zu lesen und ich habe auch dadurch verstanden, warum ich auf spiritueller Ebene keine wirkliche Weiterentwicklung der menschlichen Gesellschaft auf diesem Planeten beobachte.

Das heißt nicht, dass nicht jedes einzelne Leben hier wichtig und von Bedeutung ist. Es heißt für mich nur, dass ich nicht viel gegen das Leiden hier global tun kann. Ich kann schauen, dass es mir und meiner Familie in dieser Inkarnation so gut wie möglich geht, aber die großen Mächte, die energetisch auf dieser Erde wirken, wollen ein gewisses Erfahrungsfeld des Leidens hier, damit diese Inkarnation als Initiierung Sinn macht. Ich weiß, auch diese Ansichtsweise erinnert ein wenig an die Schriften: »Leide und dann kommst du ins Paradies«. Aber das meine ich damit gar nicht.

Akzeptiere, dass diese Welt dual ist. Sie bestand schon immer und besteht auch ewig aus Leiden und Liebe und wähle du immer wieder, die Liebe zu fühlen und zu sehen. Wenn du das anstrengend und zermürbend findest, verstehe ich dich, aber mache dir bewusst, du wirst es so auf diese Weise nicht noch mal erleben (müssen).

# Der Wert des Lebens

Ich: Wenn dieses Leben so gedacht ist, dass Lieben und auch Leiden dazu gehören, warum soll ich überhaupt über Heilung schreiben? Was möchtest du überhaupt den Menschen mitgeben?

Papa: Hört sich vielleicht seltsam an, aber ich möchte die Menschen vorbereiten, zu sterben. Mit dem ersten Atemzug beginnt schon der Sterbeprozess auf dieser Welt.

In unserem ersten Buch haben wir ja beschrieben, dass dieses Leben eine Reise ist, die du gebucht hast und nach der du wieder nach Hause zurückkehren wirst. Wenn du am Zielort deiner Reise angekommen bist, wird der Urlaub schon weniger, die Zeit verrinnt und die Heimat kommt jeden Tag ein Stück näher. So ist es auch mit dem Leben. Schon bei der Geburt steht fest, dass man sterben wird. Es ist irre, dies im Leben zu ignorieren.

Ich habe genau das in meinem Leben getan. Ich habe so vehement mich gegen das Sterben gewehrt, dass ich glaubte, nicht sterben zu müssen. Ich habe ums Leben gekämpft, im Grunde schon vor meiner Krankheit. Gesundheit, Vitalität und Jugend waren alles für mich und diese Einstellung hat mich noch mehr leiden lassen. Hätte ich annehmen können, dass Altwerden, Krankheit,

Tod zu diesem Leben gehören, hätte ich mehr gelebt und geliebt. Das ist im Nachhinein für mich in Ordnung, es gehörte zu meiner Aufgabe. Aber wenn ich den Menschen durch dich etwas erzählen kann, dann ist es, dass euer Sterben mit Beginn eures Lebens und Daseins auf dieser Welt schon begonnen hat und dass das richtig so ist.

Ich: Wie können die Menschen denn die Liebe und die Zeit wertschätzen, wenn sie leiden, krank sind oder keine Liebe in ihrem Leben spüren?

Papa: Die Liebe ist ein Bewusstseinszustand und unabhängig vom Körper oder den äußeren Umständen. Oft berichten Menschen ja davon, dass sie in den schwersten Stunden und dunkelsten Nächten sich am meisten getragen und geliebt gefühlt haben, dass sie bei einem Schicksalsschlag den Wert des Lebens fühlen konnten oder wenn sie ganz einsam und allein weggehen oder etwas nur für sich tun, sich verbundener fühlten als vorher unter Menschen.

Ich: Das verstehe ich. Aber wie soll man das in einem stressigen Alltag fühlen und leben? Man kann ja oft nicht alles stehen und liegen lassen und sich nur um sich selbst kümmern?

Papa: Fühle, als wäre es. Die Umstände sind immer nur eure

Ausreden, es nicht zu fühlen. Ihr sucht Gründe, die euch hindern. Ich kenne diese ganzen Ausreden auch selbst. Aber sie sind Illusionen. Auch eine Mutter, die sich um die Kinder kümmert oder ein Manager, der rund um die Uhr arbeitet, ist in seinem Geist frei. Es geht einzig und allein um das Bewusstsein.

## Hilfe aus der geistigen Welt für Alltag und Krankheit

Ich: Kannst du mir ein paar Tipps geben, wie wir als Menschen, abgesehen von der Heilung der eigenen Themen und des inneren Kindes, Hilfe aus der geistigen Welt bekommen?

Papa: Die geistige Welt in Form von Verstorbenen, Geistführern und dem Universum ist jeden Tag um euch herum. Es gibt auch da keine Trennung zu eurer Welt. Wir sehen die Blockaden und energetischen Verbindungen, die euch belasten oder krank machen und senden euch Hilfe. Ihr dürft auf Folgendes achten:

**1. Zeichen:**
Dazu habe ich dir ja schon viel im letzten Buch *Talking to Heaven* erzählt. Achtet im Alltag auf Zeichen von

außen, damit ihr wieder fühlen könnt, auf dem richtigen Weg zu sein. Außerdem senden wir euch Menschen, Bücher, Videos, Seminare zu den Heilungsthemen, mit denen ihr euch gerade beschäftigt.

**2. Meditation und andere Bewusstseinsebene:**
Das ist eure Verantwortung, verbindet euch bewusst mit uns und nehmt unseren, erhöhten Blickwinkel auf euer Leben ein. Fühlt, dass ihr mehr seid, als euer Körper und eure Probleme. Auch ihr als Seelen seid heil und vollkommen.

**3. Um Führung und um Hilfe bitten:**
Die Verbindung zu uns ist dann enger, wenn ihr bewusst um Hilfe bittet und wir können euch besser unterstützen. Seid im Vertrauen, dass eure Bitten immer ankommen.

**4. Schlaf und Entspannung:**
Im Schlaf und entspannten Flow-Zustand sind wir automatisch bei euch. Geht bewusst vor dem Einschlafen durch schöne Gedanken oder auch mithilfe von Entspannungsmusik in einen ruhigen und ausgeglichenen Zustand.

**5. Kontakt mit Babys, Tieren und der Natur:**
Hier spürt ihr die Seelenverbindung und das Heilsein auf Seelenebene, da Babys, Tiere und Pflanzen diese Frequenz ganz natürlich tragen.

**6. Mutig sein und los laufen:**
Ihr müsst experimentieren, euren gewohnten Komfortzustand verlassen, Neues ausprobieren, um neue Wege gehen zu können.

## Heilungswege

Viele Jahre war ich nur damit beschäftigt, mich selbst zu heilen. Jedes Symptom wurde angesehen, analysiert und versucht zu bearbeiten. Viele Symptome wie Suchterkrankungen, Schmerzen und chronische Themen wie Reizdarm oder Histaminunverträglichkeit haben sich dadurch in Luft aufgelöst. Manchmal kamen neue Symptome zum Vorschein, die vorher durch die massive Belastung des anderen Symptoms nur im Hintergrund vorhanden waren.

Mein Alltag war geprägt von den Symptomen und deren Bearbeitung. Irgendwann ist mir aufgefallen, wie viel Raum das einnimmt und wie ich immer bedacht darauf war, zu beobachten, was an diesem Tag wieder weh tat. Mir ist aufgefallen, dass mein ganzer Fokus auf Schmerzen und Krankheiten gerichtet war. Ich beschloss, das zu ändern.

Ich machte eine Meditation mit meinem geistigen Team und sie zeigten mir, dass es immer in meinem Leben Dinge geben wird, die in Disbalance sein werden. Dass, wenn ich mal sterbe, alle Symptome geheilt sind. Aber dass es bis dahin gar nicht das Ziel sei, immer alles zu heilen. Das nahm mir wahnsinnig viel Druck von den Schultern, den ich mir mit dem Heilungsprozess machte. Ich konnte die Ist-Situation, wie sie auch war, annehmen und im Frieden auch mit noch nicht gänzlich geheilten Themen sein.

Durch meine Fokusveränderung auf das, was gut lief, was sich gut anfühlte, zog ich mehr Leichtigkeit und Freude in mein Leben. So konnten auch noch einige Beschwerden von allein gehen. Und ja, es gibt auch heute noch manchmal Tage, an denen ich Schmerzen im Körper habe oder auch Zeiten, in denen chronische Beschwerden wieder auftauchen. Inzwischen sehe ich sie aber nur als Anzeiger, dass ich die letzte Zeit wieder über meine Grenzen gegangen bin oder Bedürfnisse anderer Menschen vor meine eigenen gestellt habe.

Ich durfte lernen, besser auf meinen Körper und meine emotionale Verfassung zu achten, Grenzen für mich zu setzen und Bedürfnisse ehrlich anzusprechen – und heute würde ich mein Trauma und die Folgen dessen als geheilt bezeichnen. Ich lebe nun jeden Tag in der Freude, hier zu sein und hoffentlich noch einige Tage mein Leben genießen zu dürfen.

# Ende des Leidens

Ich: Hallo Papa, Heilung ist so anstrengend. Ich habe mir so viel angesehen, so viel bearbeitet, so viel geheilt. Ich bin es einfach nur leid. Ich bin 42 Jahre. Ich möchte doch einfach nur unbeschwert leben. Ich möchte nicht mehr zurücksehen, nicht mehr in der schlimmen Vergangenheit leben, nicht ständig getriggert werden mit Dingen, wann hat das alles mal ein Ende?

Papa: Es ist zu Ende. Du hast alles überlebt.

Ich: Warum versteht das dann mein Körper nicht? Warum heilt er nicht?

Papa: Er heilt, siehst du das nicht?

Ich: Nein, oft überhaupt nicht. Die Schmerzen, die Erschöpfung. Ich fühle mich so gelähmt von meinem Körper.

Papa: Das verstehe ich. Aber sieh es doch mal so. Du hast ein kaputtes Auto und dokterst an einer Stelle herum. Die funktioniert dann wieder, aber das, was noch durch den Rost, die anderen kaputten Stellen in Mitleidenschaft gezogen wurde, taucht dann auf. Du musst dich um alle Stellen kümmern, bis das Auto wieder störungsfrei läuft.

Ich: Blöder Vergleich, aber ich verstehe, was du mir sagen möchtest. Es sind noch ein paar Baustellen bei mir, die durch die Heilungsprozesse erst jetzt wirklich auftauchen oder sichtbar werden?!

Papa: Ja genau. Durch die großen Heilungsprozesse vom Missbrauch und der Gewalt, die du erlebt hast, werden jetzt die anderen Themen wie Wut in der Familienlinie, Freiheitswünsche, soziale Themen mit Freunde, berufliche Einschränkungen und so weiter sichtbar. Das kann nur auftauchen, da du die großen Baustellen schon geheilt hast.

Ich: Okay, das ist gut. Aber geht das dann ewig so weiter? Was taucht dann noch alles auf? Und warum sind die *kleinen* Heilungsprozesse genauso lähmend und schmerzhaft wie die großen?

Papa: Weil du den Schatz darin nicht siehst und sauer bist, dass du immer noch im Prozess bist. Du fühlst dich mal wieder als Opfer der Umstände und deines Körpers, anstatt dich über den Prozess zu freuen und deinen Körper als das zu sehen, was er ist. Ein Wunder der Selbstheilung, was es zu würdigen und zu unterstützen gilt.

Ich: Okay, danke. Wie kann ich ihn konkret würdigen und unterstützen?

Papa: Als Erstes, gehe aus dem Weg. Verhindere nicht den Prozess, indem du dir wünschst, du wärst schon weiter oder es würde nicht mehr weh tun. Auch Heilung kann schmerzhaft sein. Nimm das als etwas Gutes an.

Dann frage deinen Körper, was er braucht. Ruhe, Bewegung, Meditation, Rückzug, Liebe ... und stelle das Bedürfnis an erste Stelle und gehe nicht dagegen an. Ihr seid ein Team und nur gemeinsam in Hingabe und Liebe wird der Prozess gut, wundervoll und heilsam sein.

Ich: Danke für deine Worte. Das hilft mir.

# Epilog

Ich: Wie soll ich dieses Buch abschließen?

Papa: Es ist zum jetzigen Zeitpunkt alles gesagt, was gerade wichtig ist.

Hab keine Angst vor dem, was sich zeigt. Sei mutig! Liebe! Lebe! Das ist es, worum es gerade geht. Folge deiner eigenen Wahrheit und höre auf dein Herz. Jeden einzelnen Tag!

Ich: Ich danke dir für die Dialoge mit dir. Ich fühlte mich dem Himmel so nah und dennoch mehr denn je am leben.

Papa: Das freut mich. Darum geht es. Trage deinen Kopf in den Sternen und beide Beine fest verwurzelt auf Mutter Erde. Nur so macht das Leben auf diesem Planeten Sinn.

Dein Körper besteht aus Erde, Natur und Umwelt. Dein Herz aus der Frequenz der Liebe und deine Seele aus den Sternen des Universums. Lass all diese Anteile zusammen tanzen! Die geistige Welt liebt dich.

# Anhang

**Kostenloser Download:**

Die **Meditation »Heilung mit dem inneren Kind«** steht im Zusammenhang mit diesem Buch als kostenloser Download für dich bereit. Gib bitte beim Bestellvorgang der MP3-Datei den Code **LEBENSSINN** ein. Der Link ist: https://echnaton-verlag.de/produkt/heilung-mit-dem-inneren-kind/

**Als CD bzw. Download bestellbar:**

Die **Meditation »Heilung mit der geistigen Welt«** findest du auf der CD *Talking to Heaven – Kommunikation mit dem Geistführer.* Diese kannst du auf unserer Website beziehen: www.echnaton-verlag.de.

# Meditation: Heilung mit dem inneren Kind

Setze dich bequem an einen ruhigen Ort und achte darauf, dass du die nächsten 15 Minuten nicht gestört wirst. Wenn du ein aktuelles Problem, wie einen Schmerz oder eine ungelöste Emotion hast, nimm dies als Intention für diese Meditation.

Schließe deine Augen und konzentriere dich zuerst einmal nur auf deinen Atem. Einatmen – du nimmst frische, neue Energie in deinen Körper auf und alle Zellen werden mit Sauerstoff und Lebenskraft versorgt. Ausatmen – du lässt alle störenden Gedanken los und kannst alle Blockaden und Sorgen mit dem Ausatmen ans Universum abgeben. Die nächsten Minuten sind deine Zeit, in denen du nichts leisten musst und nur deine Energie beobachtest. Spüre, wie du mit jedem Atemzug ruhiger wirst.

Stelle dir in deiner Herzgegend ein goldenes Licht vor, dein Seelenlicht. Dehne mit jedem Atemzug dieses Licht in deinem Körper aus. Schicke es bis in jede Zelle und lasse es auch in deine Aura um deinen Körper herum fließen. Es bringt dir Klarheit, Anbindung ans Universum und Ruhe.

Stelle dir nun vor deinem inneren Auge eine Wiese vor, auf die du jetzt gehst und auf der du dich niederlässt. Du fühlst dich leicht und geborgen.

Jetzt denke wieder an deine Intention, dein Thema oder deinen Schmerz und bitte in Gedanken darum, dass dein inneres Kind, das dir zu diesem Thema helfen kann, nun zu dir auf diese Wiese kommt und sich zu dir setzt.

Schau dir dein inneres Kind genau an:
Wie alt ist dein inneres Kind?
Wie sieht es aus?
Wie geht es ihm?

Du kannst jetzt die Zeit nutzen, um deinem inneren Kind Fragen zu stellen. Versuche, nicht auf die Antworten zu warten oder darüber nachzudenken, sondern nimm immer das Erste, was dir an Gefühlen, Bildern oder Sätzen in den Kopf kommt. Der erste Impuls ist immer richtig.

Was kann dein inneres Kind dir zu deinem Schmerz oder Thema sagen? Lasse dir Zeit und fühle in dich hinein.

Lausche auf alle intuitiven Antworten deines inneren Kindes und versuche die Antworten nicht zu steuern oder zu bewerten. Mache dir bewusst, dass dies ein geschützter Raum ist und du da bist, um endlich deinem inneren Kind zuzuhören. Vielleicht verändert das Kind auf deine Fragen hin auch sein Alter oder du siehst verschiedene Emotionen des inneren Kindes. Nimm alles an, was dir gezeigt wird.

Frage es nun auch, was es benötigt, damit es heilen kann.

Dann gebe deinem Kind energetisch alles, was es braucht, um das Thema oder den Schmerz loslassen zu können. Es können im ersten Moment auch absurde Wünsche oder Bilder sein. Das ist völlig egal. Vertraue deiner Intuition und deinem inneren Kind, dass es genau weiß, was es zur Heilung bedarf.

Wiederhole diese inneren Dialoge solange, bis du eine Erleichterung und einen inneren Frieden spüren kannst.

Mache dir bewusst, dass alle Gründe für Schmerzen oder Probleme in deinem Herzen gespeichert sind und dein inneres Kind für vieles die Antworten kennt. Du kannst jederzeit in Gedanken diese Verbindung suchen.

Wenn der Dialog beendet ist, bedanke dich bei deinem Herzen und deinem inneren Kind und nimm dir Zeit, langsam und in deinem Tempo wieder in den Raum zurückzukehren.

Schreibe dir, wenn du magst, die Antworten, Gefühle und Bilder der Meditation auf und wiederhole sie in ein paar Tagen.

# Meditation: Heilung mit der geistigen Welt

Setze dich bequem an einen ruhigen Ort und achte darauf, dass du die nächsten 15 Minuten nicht gestört wirst. Wenn du kein aktuelles Problem, wie einen Schmerz oder eine Emotion hast oder die Zusammenhänge nicht verstehst, nimm Heilung allgemein als Intension für diese Meditation.

Schließe deine Augen und konzentriere dich zuerst einmal nur auf deinen Atem. Einatmen – du nimmst frische, neue Energie in deinen Körper auf und alle Zellen werden mit Sauerstoff und Lebenskraft versorgt. Ausatmen – du lässt alle störenden Gedanken los und kannst alle Blockaden und Sorgen mit dem Ausatmen ans Universum abgeben. Die nächsten Minuten sind deine Zeit, in denen du nichts leisten musst und nur deine Energie beobachtest. Spüre, wie du mit jedem Atemzug ruhiger wirst.

Stelle dir nun über deinem Kopf eine helle Sonne vor. Sie ist die Anbindung an die geistige Welt, deine wahre Seelenheimat. Lass goldene Lichtstrahlen aus dieser Sonne in deinen Körper und deine Aura fließen. Lass sie ganz bewusst deinen Körper durchfluten und spüre, wie Leichtigkeit und Klarheit jede deiner Zellen erfüllt.

Das goldene Licht fließt in dein Herz und wieder aus ihm heraus in deine Aura, sodass du wie in einer Art goldener Lichtkugel sitzt. Dies bringt dir innere Ruhe, Aufrichtung und Klarheit.

Gib nun in Gedanken den Impuls in die geistige Welt, dass dein Geistführer zu dir kommt und sich mit deiner Energie verbindet. Auch wenn du deinen Geistführer bisher vielleicht noch nicht kennst, vertraue darauf, dass dich Seelen aus der geistigen Welt begleiten. Sie haben eine höhere Schwingung, da sie keinen Körper mehr haben.

Lass die Verbindung zur geistigen Welt immer stärker und enger werden. Lehne dich energetisch an deinen Geistführer an, im Vertrauen, dass er weiß, auf welcher Ebene du gerade Heilenergie benötigst.

Bitte ihn nun, diese Energie durch deinen ganzen Körper und dein Energiesystem fließen zu lassen und fühle die Veränderung in dir und um dich herum. Vielleicht kannst du die veränderte Schwingung auch durch eine Farbe, ein Kribbeln im Körper oder Wärme spüren. Nimm alles an, was du wahrnimmst und bewerte es nicht. Tanke die heilende Energie und entspanne dich in ihr. Bleibe so lange, wie es sich richtig anfühlt, in dieser Verbindung.

Bedanke dich am Ende bei der geistigen Welt für die Energie und lasse dir ganz viel Zeit damit, wieder bei dir und in deinem Raum anzukommen, bevor du deine Augen öffnest.

# Über die Autorin

Nina Herzberg (geboren 1980), dipl. Medium nach dem englischen Spiritualismus.

Sie bringt ihr Wissen über das Leben nach dem Tod durch Vorträge, Seminare, Ausbildungen und Interviews in die Welt. Durch ihre Bücher *Miss Medium – Mut ist der Plan* und *Talking to Heaven – Nach dem Tod geht's weiter* (EchnAton Verlag), verschiedene Podcasts oder auch ihr Mitwirken in der TV Serie *Nightwatch - Jenseits der Angst* (TLC) möchte sie einen neuen Blickwinkel auf Themen wie Tod und Medialität aufzeigen.

Nina nimmt seit ihrer Kindheit die geistige Welt wahr. Verstärkt hat sie dies nach einem Nahtoderlebnis im Alter von 5 Jahren bemerkt. Ihre angeborenen medialen und sensitiven Fähigkeiten hat sie in einer 4-jährigen Ausbildung bei Pascal Voggenhuber professionell ausbilden lassen.

Informationen zu Ausbildung, weiteren Meditationen und Online-Kursen findest du auf ihrer Website:
www.ninaherzberg.com

## Weitere Produkte von Nina Herzberg:

Tiefe Heilung kann entstehen, wenn man begreift, dass der Tod nicht das Ende ist und man stets begleitet wird von den Verstorbenen. So schwindet auch die Angst vor der eigenen Endlichkeit. Durch zahlreiche Dialoge mit ihrem verstorbenen Vater und ihrem Geistführer und durch anschauliche Beispiele aus der Praxis nimmt Nina Herzberg den Leser mit auf eine Reise in die geistige Welt, von der man berührt und inspiriert zurückkehrt.

Talking to Heaven – Nach dem Tod gehts weiter | Taschenbuch | 200 Seiten |ISBN: 978-3-96442-013-8

Mit diesen Karten nimmst du auf liebevolle und sanfte Weise Kontakt zu deinem Verstorbenen auf und kannst Botschaften von ihm empfangen. Unsere Lieben in der geistigen Welt haben einen anderen Blickwinkel auf ihre Vergangenheit und dein jetziges Leben und können dir somit neue Impulse und Hilfestellung geben. Die Karten helfen dir bei der eigenen Trauerverarbeitung und unterstützen dich bei der Intensivierung deiner Medialität.

Der Himmel ist hier – Botschaften aus dem Jenseits | Karten-Set | 48 Karten mit Begleitbuch |ISBN: 978-3-96442-046-6

www.echnaton-verlag.de

# Online-Kurs mit Nina Herzberg:

Seine engsten Vertrauten nach einer Krankheit oder auch nach einem erfüllten Leben loslassen zu können, ist für die Hinterbliebenen nicht einfach. Sie fehlen und wir wünschen uns eine Nachricht oder ein kurzes Zeichen. Meist ist uns nicht bewusst, dass sie noch immer an unserer Seite sind und nur darauf warten, uns unterstützen zu können.

In diesem Online-Kurs lernst du, die Energie deiner Verstorbenen und ihre Botschaften wahrzunehmen und neue Kraft und Mut für dein eigenes Leben zu finden. Der größte Wunsch aller Verstorbenen ist es, zu sehen, dass es dir wieder besser geht und du ein glückliches Leben hast.

Kontakt zum eigenen Verstorbenen | Online-Kurs bestehend aus:
– 9 Video-Lektionen mit insg. 11 Videos (250 min. Filmmaterial)
– 4 geführte Meditationen zum Downloaden
– 5 Bonus-Videos mit persönlichen Tipps
– 1 aufgezeichnetes Interview mit Nina Herzberg (Video)
– 20 seitiges Workbook

Die erste Lektion kannst du dir kostenfrei auf unserer Website anschauen.

www.echnaton-verlag.de